D1691284

Machiavelli · Die wahre Hölle

NICCOLÒ MACHIAVELLI
DIE WAHRE HÖLLE IST DIE ERDE

Mit drei Titelblättern
von Beate Passow

Verlag Klaus G. Renner

Alle Rechte vorbehalten
© 1988 by Verlag Klaus G. Renner, München
Umschlag und Gestaltung von Beate Passow
und Klaus Renner
Gesamtherstellung bei Kösel in Kempten
Printed in Germany
ISBN 3-921499-81-x

...pour le romancier, dont la fonction, le mérite et l'unique raison d'être est de pasticher l'enfer.
Cioran

An Zanobi von Delmonti und
Luigi Alemanni, meine lieben Freunde!

Es scheint, teuerster Zanobi und Luigi, dem Beobachter wunderbar, daß alle oder die Mehrzahl der Männer, die große Dinge in der Welt vollbrachten, und vor ihren Zeitgenossen hervorragten, niederer und dunkler Herkunft waren, oder vom Schicksal über alle Maßen verfolgt wurden.

Alle wurden sie entweder bei ihrer Geburt ausgesetzt, oder sie hatten einen so gemeinen Vater, daß sie sich seiner schämten und sich für Söhne Jupiters oder eines anderen Gottes ausgaben. Diese Männer aufzuzählen würde, da sie jedermann kennt, ermüdend und dem Leser wenig erfreulich sein; wir wollen es daher als überflüssig unterlassen.

Die Sache aber kommt, wie ich glaube, daher, daß das Schicksal – um der Welt zu beweisen, daß die Menschen ihm allein, nicht ihrer Klugheit ihre Größe zu verdanken haben – in einer Zeit seine Macht zu zeigen anfängt, wo die Klugheit sich noch nicht geltend machen kann, sondern ihm allein alles zugeschrieben werden muß.

Castruccio Castracani von Lucca war einer von diesen Männern. Er führte in Anbetracht der Zeit, in der er lebte, und der Stadt, in der er geboren wurde, große Dinge aus, und seine Herkunft war weder glücklicher, noch ist sie bekannter als die der anderen, die man unten finden wird. Ich wollte sein Leben den Menschen ins Gedächtnis zurückrufen, weil ich vieles darin gefunden zu haben glaube, worin sich teils das Walten des Schicksals, teils des Menschen eigene Kraft als hohes Beispiel offenbart. Ich wollte es Euch widmen, da Ihr Euch vor allen Männern, die ich kenne, an großartigen Handlungen erfreut.

Niccolò Machiavelli.

DAS LEBEN DES
CASTRUCCIO
CASTRACANI
HERZOG VON LUCCA

Die Familie der Castracani wird zu den edelsten Familien der Stadt Lucca gerechnet, auch wenn sie jetzt nach dem gemeinsamen Los aller irdischen Dinge ausgestorben ist. In ihr wurde einst ein Antonio geboren, der, den geistlichen Stand ergreifend, Domherr von St. Michael von Lucca wurde, und den man, um ihm Ehre zu bezeugen, Messer Antonio nannte. Er hatte nur eine einzige Schwester, die früher mit Buonaccorso Cenami vermählt war und nach dessen Tode als Witwe bei ihrem Bruder lebte, mit dem Entschluß, nicht wieder zu heiraten. Messer Antonio besaß hinter seinem Hause einen Weinberg, der von Gärten umgeben war, und in den man von mehreren Seiten ohne viel Schwierigkeit hineinkommen konnte. Als nun eines Morgens, kurz nach Sonnenaufgang, Madonna Dianora, so nannte sich Messer Antonios Schwester, durch den Weinberg spazierenging und nach Art der Weiber Würzkräuter pflückte, hörte sie unter einem Rebstock im Laube rascheln, und es schien ihr, als sie sich hinwendete, als höre sie weinen. Sie näherte sich diesem Geräusch und erblickte die

Händchen und das Gesicht eines kleinen Kindes, das unter den Blättern hervor sie um Hilfe zu bitten schien. Teils erstaunt, teils erschreckt hob sie es voll Mitleid und Bestürzung auf, trug es ins Haus, wusch es, wickelte es in weiße Tücher und zeigte es so bei seiner Rückkehr Messer Antonio. Als dieser die Sache hörte und das Kind sah, wurde er nicht weniger von Verwunderung und Mitleid erfüllt als die Frau. Sie berieten sich miteinander, was zu tun sei, und beschlossen, es aufzuziehen, da er Priester war und sie keine Kinder hatte. Sie nahmen also eine Amme ins Haus und pflegten den Knaben mit derselben Liebe, als ob es ihr eigener Sohn gewesen wäre. Bei der Taufe gaben sie ihm den Namen ihres Vaters Castruccio.

Castruccio nahm mit den Jahren an Anmut zu, zeigte in allem Verstand und Klugheit und lernte schnell für sein Alter, wozu ihn Messer Antonio anhielt. Dieser hatte die Absicht, ihn zum Priester zu machen und ihm mit der Zeit sein Kanonikat und seine anderen Pfründen abzutreten, er unterrichtete ihn daher gemäß diesem Zwecke. Allein er hatte einen Schüler gefunden, der nichts weniger als geistlichen Sinn besaß. Denn kaum war Castruccio in das Alter von vierzehn Jahren gekommen, als er anfing, Messer Antonio und Madonna Dianora gegenüber seine kindliche Scheu zu verlieren und sie nicht im geringsten mehr fürchtete. Die geistlichen Bücher ließ er liegen, fing an die Waffen zu führen und fand an nichts größeren Gefallen als am Fechten, am Laufen, Springen, Ringen und anderen solchen Übungen, wobei er die größte Geistes- und Körperkraft zeigte und alle anderen Knaben seines Alters bei weitem übertraf. Wenn er je auch einmal las, so gefielen ihm nur solche Schriften, worin von Krieg und von den Taten großer Männer gesprochen wurde. Messer Antonio verursachte dies unsäglichen Kummer und Verdruß.

Es war in der Stadt Lucca ein Edelmann aus der Familie der Guinigi, Messer Francesco genannt, der durch Reichtum, Volksgunst und Verdienst alle anderen Luccaner weit hinter sich zurückließ. Sein Handwerk war der Krieg; er hatte lange unter den Visconti von Mailand gedient und war als Gibelline von allen, die in Lucca dieser Partei folgten, geachtet. Als er sich nun gerade in Lucca befand und des Abends und Morgens mit den anderen Bürgern unter der Loggia des Podestà am Eingang zum Platz St. Michael, des Hauptplatzes von Lucca, zusammenkam, sah er mehrere male Castruccio mit den anderen Knaben dieses Stadtviertels bei den obengenannten Übungen. Er glaubte zu bemerken, daß Castruccio, außer daß er sie übertraf, eine königliche Gewalt über die anderen übe, die ihn gewissermaßen zu lieben und zu verehren schienen. Dies machte Messer Francesco äußerst begierig zu erfahren, wer der Knabe sei, und hiervon durch die Umstehenden unterrichtet, stieg sein Verlangen noch mehr, ihn bei sich zu haben. Er rief ihn daher eines Tages zu sich und fragte ihn, wo er lieber sein würde, im Hause eines Edelmannes, der ihn reiten und die Waffen führen lehrte, oder im Hause eines Priesters, wo er nie etwas anderes als Beten und Messe lesen höre. Messer Francesco sah, welche innere Freude es Castruccio machte, als von Pferden und Waffen gesprochen wurde. Anfangs war er zwar ein wenig verschämt, als ihn aber Messer Francesco zu reden ermutigte, antwortete der Knabe: wenn es seinem Messere gefiele, so könne man ihm keine größere Gunst erweisen als die Erlaubnis, die geistlichen Studien verlassen und den Soldatenstand ergreifen zu dürfen. Messer Francesco gefiel die Antwort sehr, und in wenigen Tagen brachte er es dahin, daß Messer Antonio ihm Castruccio abtrat, wozu den Domherrn hauptsächlich die Natur des Knaben bewog, den er nicht mehr lange so halten zu können glaubte.

Als nun Castruccio aus dem Hause des Domherrn Antonio Castracani in das Haus des Condottiere Francesco Guinigi gekommen war, nahm er in unglaublich kurzer Zeit alle die Tugenden und Sitten an, die man von einem wahren Edelmann fordert. Zuerst wurde er ein vortrefflicher Reiter, er lenkte mit der größten Geschicklichkeit das wildeste Pferd, im Reiterspiel und Turnier zeichnete er sich vor allen anderen aus; so daß sich niemand fand, der ihn in irgendeiner Übung, wozu Kraft und Gewandtheit gehört, übertroffen hätte. Hiermit vereinigte er die gefälligsten Sitten und zeigte in allem eine unschätzbare Bescheidenheit. Nie sah man ihn etwas tun oder hörte ihn etwas sprechen, das mißfiel: er war ehrfurchtsvoll gegen Höhere, bescheiden gegen Gleiche und freundlich gegen Geringere. Dies Benehmen erwarb ihm nicht allein die Liebe der ganzen Familie der Guinigi, sondern der ganzen Stadt Lucca.

In dieser Zeit, als Castruccio schon achtzehn Jahre alt war, trug sich zu, daß die Gibellinen von den Guelfen aus Pavia vertrieben wurden. Die Visconti von Mailand schickten den Vertriebenen Messer Francesco Guinigi zu Hilfe und Castruccio begleitete ihn als Befehlshaber seiner ganzen Kompagnie. Auf diesem Posten erbrachte er so viele Beweise von Klugheit und Mut, daß niemand, der dem Feldzug beiwohnte, so viel Gunst bei jedermann erwarb als Castruccio; und nicht allein in Pavia, sondern in der ganzen Lombardei wurde sein Name berühmt und geehrt.

Castruccio, viel angesehener nach Lucca zurückgekehrt als er ausgezogen war, unterließ nichts, was in seiner Macht stand, sich Freunde zu erwerben, indem er alle die Mittel anwendete, die man nötig hat, um sich die Menschen zu gewinnen. Unterdessen starb Messer Francesco Guinigi und hinterließ einen dreizehnjährigen Sohn, namens Paolo, zu dessen Vormund und Verwalter er Castruccio ernannte. Vor seinem Tode hatte er ihn noch zu sich rufen lassen und ihn gebeten, er möge seinen Sohn mit derselben Treue aufziehen, mit der er ihn aufgezogen habe, und er solle die Wohltaten, die er dem Vater nicht vergelten konnte, dem Sohne vergelten.

Nachdem also durch Messer Francesco Guinigis Tod Castruccio Verwalter und Vormund Paolos geworden war, nahm er so sehr an Ansehen und Macht zu, daß die Gunst, die er bisher in Lucca besessen hatte, sich zum Teil in Neid verwandelte. Viele verleumdeten ihn als einen verdächtigen Mann, dessen Sinn nach der Tyrannei stehe. Der erste unter diesen war Messer Giorgio degli Opizi, das Haupt der Guelfenpartei, der gehofft hatte, durch den Tod Messer Francescos gleichsam Fürst von Lucca zu werden, und nun glaubte, Castruccio habe ihm alle Möglichkeit dazu entzogen, da dieser durch die Gunst, die ihm seine ausgezeichneten Eigenschaften erwarben, an Messer Francescos Stelle getreten war. Aus diesem Grunde streute Messer Giorgio überall Dinge aus, die Castruccio diese Gunst entziehen sollten. Anfänglich erregte dies bei Castruccio nur Unwillen, bald aber kam auch die Furcht hinzu, Messer Giorgio werde nicht eher ruhen, als bis er ihn beim Vikarius des Königs Robert von Neapel in Ungnade gebracht hätte, der ihn dann aus Lucca würde vertreiben lassen.

In dieser Zeit war Uguccione della Faggiuola aus Arezzo Herr von Pisa, der, zuerst von den Pisanern zu ihrem Feldherrn erwählt, sich zu ihrem Herrn gemacht hatte: Bei Uguccione befanden sich einige verwiesene Luccaner von der Gibellinenpartei. Mit diesen unterhandelte Castruccio, sie mit Hilfe Ugucciones wieder einzusetzen, und zu gleicher Zeit begann er zu Hause seinen Plan mit seinen Freunden, denen die Macht der Opizi unerträglich war, vorzubereiten. Nachdem sie alles festgesetzt, was geschehen sollte, befestigte Castruccio vorsichtig den Turm der Onesti und versah ihn mit Kriegsbedarf und vielen Lebensmitteln, um sich im Notfall einige Tage halten zu können.

Als jetzt die festgesetzte Nacht kam, zog Uguccione mit vielen Soldaten auf die Ebene zwischen den Bergen und Lucca herab und rückte, nachdem er das verabredete Zeichen gesehen, an das Tor St. Peter heran und legte Feuer an das Vortor. Castruccio andererseits schlug Lärm, rief das Volk zu den Waffen und nahm das Tor von der inneren Seite weg. Als so Uguccione und seine Leute eingezogen waren, durchsprengten sie die Stadt, töteten Messer Giorgio mit seiner ganzen Familie und vielen anderen seiner Freunde und Anhänger, verjagten den Statthalter und veränderten die Regierung nach Ugucciones Wohlgefallen. Die Stadt litt dabei großen Schaden; denn es ist verzeichnet, daß mehr als hundert Familien damals aus Lucca vertrieben wurden. Die Flüchtigen gingen zum Teil nach Florenz, zum Teil nach Pistoja, Städte, die von der Partei der Guelfen regiert wurden und deshalb Feinde Ugucciones und der Luccaner waren.

Den Florentinern und den anderen Guelfen schien es, die Gibellinen hätten zuviel Gewalt in Toskana erlangt. Sie kamen daher überein, die verwiesenen Luccaner wieder einzusetzen, und zogen, nachdem sie ein zahlreiches Heer zusammengebracht, in das Tal des Nievole, besetzten Montecatini und belagerten sodann Montecarlo, um freien Zugang nach Lucca zu haben. Uguccione hatte unterdessen viel Kriegsvolk aus Pisa und Lucca, nebst einer bedeutenden Anzahl deutscher Reiter, die er aus der Lombardei gezogen, zusammengebracht und rückte gegen das florentinische Heer heran. Dieses war auf die Kunde von dem Nahen der Feinde von Montecarlo aufgebrochen und hatte sich zwischen Montecatini und Pescia gelagert. Uguccione machte daher unterhalb Montecarlo, zwei Miglien vom Feinde, halt. Einige Tage hindurch wurden nur kleine Reitergefechte geliefert, da Uguccione krank geworden war, und die Pisaner und Luccaner deshalb keine Schlacht liefern wollten. Als sich aber

Ugucciones Krankheit verschlimmerte, zog er sich nach Montecarlo zurück, um sich heilen zu lassen, und überließ Castruccio die Sorge für das Heer. Dies wurde die Ursache des Verderbens der Guelfen; denn es wuchs ihnen der Mut, da sie glaubten, das feindliche Heer sei ohne Feldherrn geblieben. Castruccio erkannte dies und war bestrebt, einige Tage hindurch sie in dieser Meinung zu bestärken, indem er, um Furcht zu zeigen, niemand aus den Verschanzungen seines Lagers herausgehen ließ. Auf der anderen Seite wurden die Guelfen desto übermütiger, je mehr sie diese Furcht sahen, und sie boten täglich, in Schlachtordnung gestellt, dem Heere Castruccios den Kampf an. Als sie Castruccio kühn genug gemacht zu haben glaubte und er ihre Aufstellung erkannt hatte, beschloß er, eine Schlacht zu liefern. Zuvor stählte er durch Worte den Mut seiner Soldaten und zeigte ihnen einen gewissen Sieg, wenn sie seinen Befehlen gehorchen wollten.
Castruccio hatte gesehen, daß die Feinde ihre ganze Kraft in die Mittelschlacht verlegt und ihre schlechtesten Soldaten auf die

Flügel gestellt hatten. Er tat daher das Gegenteil; er stellte auf die Flügel seines Heeres seine tapfersten Leute und zwischen sie die wenigst geschätzten. In dieser Schlachtordnung rückte er aus seinem Lager aus. Sobald er nun den Feind erblickte, der, wie gewöhnlich, voll Anmaßung heranzog, befahl er, daß die Scharen der Mitte langsam marschierten und die der Flügel rasch vorrückten. Als es daher zum Kampfe kam, so fochten allein die Flügel beider Heere und die Scharen der beiderseitigen Mitte blieben untätig; denn Castruccios Formationen der Mitte waren so weit zurückgeblieben, daß sie die feindliche Mitte nicht erreichten. Auf diese Weise fochten die besten Soldaten Castruccios mit den schlechtesten der Feinde und ihre besten waren untätig, ohne die, welche sie gegenüber hatten, angreifen oder den Ihrigen irgendwie beistehen zu können. So wurden ohne große Schwierigkeit die beiden feindlichen Flügel in die Flucht geschlagen, und Soldaten der Mitte, die ihre Flanken entblößt sahen, flohen gleichfalls. Die Niederlage war blutig, denn es fielen mehr als 10000 Mann mit vielen

Führern und vornehmen Rittern der Guelfenpartei aus ganz Toskana, und überdies viele Fürsten, die zu ihrer Unterstützung gekommen waren, wie Piero, der Bruder des Königs Robert, Karl, sein Neffe, und Philipp, Herr von Tarent. Der Verlust Castruccios betrug nicht einmal 300 Tote, darunter Francesco, ein Sohn Ugucciones, der noch ganz jung und allzu feurig beim ersten Angriff getötet wurde.

Dieser Sieg vollendete die Größe von Castruccios Namen, so daß Uguccione eine solche Eifersucht und Argwohn wegen seines Staates ergriff, daß er auf nichts anderes mehr sann, als wie er Castruccio aus der Welt schaffen könne; denn dieser Sieg, schien ihm, habe ihm die Herrschaft nicht gegeben, sondern entzogen. Als er mit diesem Gedanken umging und eine passende Gelegenheit zur Ausführung abwartete, trug es sich zu, daß Pier Agnolo Micheli, ein Mann von Stande und sehr geachtet in Lucca, getötet wurde. Der Mörder flüchtete sich in das Haus Castruccios, der die Gerichtsdiener des Stadthauptmannes, die den Schuldigen daselbst verhaften wollten, zurückdrängte, so daß dieser sich durch seine Hilfe rettete. Als Uguccione, der damals in Pisa war, diesen Vorfall erfuhr, glaubte er eine gerechte Ursache, Castruccio zu strafen, gefunden zu haben. Er schrieb daher seinem Sohne Neri, dem er schon die Herrschaft über Lucca gegeben hatte, und trug ihm auf, unter dem Vorwand einer Einladung Castruccio ergreifen und töten zu lassen. Castruccio ging ohne Argwohn und ohne eine Kränkung zu fürchten in den Palast des Herrn und wurde zuerst von Neri zum Mahle angehalten und dann verhaftet. Da aber Neri fürchtete, das Volk könnte unruhig werden, wenn er Castruccio ohne irgendeine Rechtfertigung sterben ließe, so ließ er ihn am Leben, um genauer von Uguccione zu hören, wie er sich verhalten solle. Dieser tadelte das Zögern und die Feigheit seines Sohnes und ritt, um die Sache zu Ende zu bringen, mit 400 Reitern von Pisa nach Lucca. Er war noch nicht bis Bagni gekommen, als die Pisaner zu den Waffen griffen, den Vikarius Uguciones und alle, die von seiner Familie in Pisa geblieben waren, töteten und den Grafen

Gaddo della Gherardesca zu ihrem Herrn machten. Uguccione erfuhr, noch ehe er in Lucca ankam, diese Vorfälle, er wollte aber nicht umkehren, damit ihm nicht auch die Luccaner nach dem Beispiel der Pisaner die Tore verschlössen. Als aber die Luccaner die Begebenheiten in Pisa hörten, so ergriffen sie, trotz der Ankunft Ugucciones in Lucca, die Befreiung Castruccios als Anlaß, bildeten zuerst Gruppen auf den Plätzen und besprachen sich ohne Scheu, dann kam es zum Tumult, und zuletzt griffen sie zu den Waffen, indem sie Castruccios Befreiung begehrten, so daß Uguccione, aus Furcht vor Schlimmerem, ihn aus dem Gefängnis entließ. Castruccio versammelte sogleich seine Freunde und griff, vom Volk unterstützt, Uguccione an, der, die Unmöglichkeit des Widerstandes erkennend, mit seinen Freunden entfloh und sich in die Lombardei zu den Herren della Scala begab, wo er in Armut starb.

Castruccio aber, aus einem Gefangenen fast Fürst von Lucca geworden, brachte es durch seine Freunde und die neue Volksgunst dahin, daß er zum Feldherrn des Heeres ernannt wurde. Um sich, nachdem er dies erreicht, im Kriege Ruhm zu erwerben, entwarf er den Plan, den Luccanern viele Städte, die nach Ugucciones Abzug abtrünnig geworden waren, wieder zu erobern. Zuerst belagerte er mit Hilfe der Pisaner, mit denen er ein Bündnis schloß, Serezzana, baute eine Bastei, welche die Mauern überragte, und nahm mit Hilfe dieses Erdwerks, das, später von den Florentinern mit Mauern versehen, heute Serezanello genannt wird, die Stadt. Durch diese Eroberung zu Ansehen gelangt, besetzte er sodann Massa, Carrara und Lavenza und eroberte in sehr kurzer Zeit ganz Lunigiana. Um den Paß zu sperren, der von der Lombardei nach Lunigiana führt, stürmte er Pontremoli und verjagte daraus Messer Anastagio Pallavicini, den Herrn dieser Stadt. Als er nach diesen Siegen nach Lucca zurückkehrte, zog ihm das ganze Volk entgegen. Castruccio wollte jetzt nicht mehr länger verschieben, sich zum Fürsten zu machen, und mit Hilfe von Pazzino dal Poggio, Puccinello dal Portico, Francesco Boccansacchi und Cecco Guinigi, der damals im größten Ansehen in

Lucca stand und von ihm bestochen war, machte er sich zum Herrn der Stadt und wurde feierlich durch Volksbeschluß zum Fürsten erwählt. In dieser Zeit kam der römische König Friedrich von Bayern nach Italien, um sich zum Kaiser krönen zu lassen. Castruccio machte sich ihn zum Freund und zog ihm mit 500 Reitern entgegen, nachdem er Paolo Guinigi als seinen Statthalter in Lucca gelassen hatte, den er aus Dankbarkeit gegen den Vater wert hielt, als ob er sein eigener Sohn gewesen wäre. Castruccio wurde von Friedrich ehrenvoll aufgenommen, erhielt viele Privilegien und wurde zum kaiserlichen Statthalter der Toskana ernannt. Da die Pisaner gerade Gaddo della Gherardesca vertrieben hatten und aus Furcht vor ihm Friedrich um Hilfe baten, machte Friedrich Castruccio zum Herrn von Pisa, und die Pisaner waren es aus Furcht vor der Partei der Guelfen und besonders vor den Florentinern zufrieden.

Als hierauf Friedrich nach Deutschland zurückgekehrt war, nachdem er einen Verwalter der italienischen Angelegenheiten in

Rom zurückgelassen, nahmen alle Gibellinen Toskanas und der Lombardei, die dem Reiche anhingen, zu Castruccio ihre Zuflucht, und jeder versprach ihm die Herrschaft über seine Vaterstadt, wenn er ihn wieder einsetzen würde. Hierunter waren Matteo Guidi, Nardo Scolari, Lapo Uberti, Gerozzo Nardi und Piero Buonaccorsi, sämtlich verwiesene Gibellinen aus Florenz. Durch sie und durch seine eigenen Streitkräfte dachte Castruccio sich zum Herrn Toskanas zu machen. Er verband sich, um sein Ansehen zu vergrößern, mit Matteo Visconti, dem Fürsten von Mailand, und teilte die Stadt und sein Land in militärische Bezirke ein. Nach den fünf Toren Luccas teilte er das Land in fünf Teile, bewaffnete es und verteilte es unter Häupter und Fahnen; so daß er in kürzester Zeit 20000 Mann zusammenbringen konnte, ohne die, welche ihm aus Pisa zu Hilfe kommen konnten. Als er so mit diesen Streitkräften und mit diesen Freunden umgeben war, trug sich zu, daß Messer Matteo von den Guelfen aus Piacenza angegriffen wurde, die die Gibellinen vertrieben und von den Florentinern und dem König Robert Hilfstruppen erhalten hatten. Messer Matteo forderte Castruccio auf, die Florentiner anzugreifen, damit sie, zur Verteidigung der Heimat gezwungen, ihre Soldaten aus der Lombardei zurückriefen. Castruccio fiel mit einem zahlreichen Heere in das Arnotal ein und nahm Fucecchio und San Miniato, wobei große Verwüstungen angerichtet wurden. Die Florentiner liefen in dieser Not ihre Soldaten zurück. Kaum aber waren diese nach Toskana zurückgekehrt, als Castruccio selbst durch eine andere Notwendigkeit nach Lucca heimzukehren gezwungen war.

Die Familie der Poggio war mächtig in dieser Stadt, weil sie Castruccio nicht nur groß, sondern zu Fürsten gemacht hatte. Sie glaubte nicht nach Verdienst belohnt zu sein und kam mit anderen Familien Luccas überein, sich zu erheben und Castruccio zu vertreiben. Eine Gelegenheit ergreifend, fielen sie eines Morgens bewaffnet über den Statthalter, den Castruccio zur Pflege der Gerechtigkeit dort hielt, her und töteten ihn. Als sie fortfahren wollten, das Volk zum

Aufstand aufzurufen, trat ihnen Stefano di Poggio, ein alter friedfertiger Mann, der an der Verschwörung nicht teilgenommen hatte, entgegen und zwang durch seine Autorität die Seinigen, die Waffen niederzulegen, wobei er sich als Vermittler zwischen ihnen und Castruccio anbot, damit sie ihre Wünsche erreichten. Sie legten also die Waffen mit nicht mehr Klugheit nieder, als sie sie ergriffen hatten. Castruccio eilte sogleich nach Empfang der Nachricht von diesem Vorfall ohne Zeitverlust mit einem Teil seiner Soldaten nach Lucca, indem er Paolo Guinigi als Haupt der übrigen zurückließ. Als er wider Erwarten die Unruhen beigelegt fand, erachtete er es als um so leichter, sich die Zukunft zu sichern, und verteilte zu diesem Zwecke seine Anhänger bewaffnet an alle geeigneten Orte. Stefano di Poggio, der sich Castruccio verpflichtet zu haben glaubte, ging zu ihm und bat nicht für sich, da er dies nicht für nötig hielt, sondern für die anderen seines Hauses. Er möge ihrer Jugend, sagte er, vieles zugute halten, sowie auch der alten Freundschaft und Verpflichtung, die er gegen ihr Haus habe. Castruccio antwortete freundlich und hieß ihn guten Mutes sein, hinzufügend, er sei dankbarer dafür, daß er die Unruhen beigelegt gefunden, als er den Ausbruch derselben übelgenommen habe. Zugleich forderte er Stefano auf, alle übrigen zu ihm kommen zu lassen, da er Gott danke, eine Gelegenheit gefunden zu haben, wo er seine Milde und Großmut zeigen könne. Sie kamen im Vertrauen auf das Wort Stefanos und Castruccios und wurden samt Stefano eingekerkert und hingerichtet.

Unterdessen hatten die Florentiner San Miniato wiedererobert. Castruccio hielt es daher für gut, mit diesem Krieg einzuhalten, da er sich nicht eher von Haus entfernen zu können glaubte, als bis er sich Luccas versichert hatte. Er ließ daher wegen eines Waffenstillstandes unterhandeln und fand die Florentiner leicht geneigt, weil auch sie des Krieges müde waren und den Kosten ein Ende zu machen wünschten. Es wurde also ein Waffenstillstand auf zwei Jahre geschlossen, und jeder sollte behalten, was er gerade besaß. Sobald Castruccio vom

Kriege befreit war, beseitigte er, um nicht mehr der Gefahr ausgesetzt zu sein, in der er sich befunden hatte, alle die Männer in Lucca, die aus Ehrgeiz nach der Herrschaft streben konnten. Er schonte keinen, beraubte sie des Vaterlandes und Vermögens und, wen er in die Hände bekommen konnte, des Lebens. Er sagte, die Erfahrung habe ihn gelehrt, daß ihm keiner von ihnen treu sein könne. Zu seiner größeren Sicherheit baute er sodann eine Zitadelle in Lucca und bediente sich dazu der Türme derer als Baumaterial, die er vertrieben oder getötet hatte.

Während Castruccio die Waffen gegen die Florentiner ruhen ließ und sich in Lucca befestigte, unterließ er nicht, alles zu tun, was er ohne offenen Krieg konnte, um seine Macht zu vergrößern. Er wünschte sehr, sich Pistojas zu bemächtigen, da er durch den Besitz dieser Stadt einen Fuß in Florenz zu haben glaubte. Er machte sich daher das ganze Gebirge zum Freund und benahm sich mit den Parteien Pistojas so, daß beide auf ihn vertrauten. Diese Stadt war damals wie immer geteilt, und zwar in Weiße und

Schwarze. Das Haupt der Weißen war Bastiano di Possente, der Schwarzen Jacopo da Gia, die beide mit Castruccio ganz im geheimen unterhandelten. Jeder wollte den andern verjagen, und nach vielem Argwohn kam es zum Kampf. Jacopo befestigte sich am Florentinischen, Bastiano am Luccanischen Tor, und da beide mehr auf Castruccio als auf die Florentiner vertrauten, weil sie ihn als schneller zum Krieg bereit, so ließen sie ihn heimlich beide um Hilfe ersuchen. Castruccio versprach sie beiden, indem er Bastiano schrieb, er werde in Person kommen, und Jacopo, er werde Paolo Guinigi, seinen Pflegesohn, senden. Nach genauer Bestimmung der Zeit sandte er Paolo auf der Straße von Pisa ab, und er selbst zog geraden Wegs nach Pistoja. Um Mitternacht, so wie Castruccio und Paolo ausgemacht hatten, waren sie vor Pistoja, und beide wurden als Freunde aufgenommen. Als sie drinnen waren und es Castruccio Zeit schien, gab er Paolo das Zeichen, worauf der eine Jacopo da Gia, der andere Bastiano di Possente erschlug. Alle ihre Anhänger nahmen sie zum Teil gefangen, zum

Teil töteten sie sie und bemächtigten sich hierauf ohne weiteren Widerstand der Stadt. Die Signoria entfernte Castruccio aus dem Palaste und das Volk zwang er, ihm Gehorsam zu schwören. Zugleich aber erließ er ihm viele alte Schulden und machte ihm viele Versprechungen, und gegen das Landvolk, dessen größerer Teil herbeigeeilt war, den neuen Fürsten zu sehen, tat er dasselbe, so daß jedermann, von Hoffnungen erfüllt und gutenteils durch seine hervorragenden Eigenschaften bewogen, sich beruhigte.

In dieser Zeit trug sich zu, daß das Volk von Rom wegen der Teuerung der Lebensmittel Unruhen anfing, indem es der Abwesenheit des Papstes, der sich in Avignon befand, die Schuld gab und die deutsche Regierung tadelte. Jeden Tag wurden Mordtaten und andere Verbrechen verübt, ohne daß Heinrich, der Statthalter des Kaisers, dem Übel beikommen konnte. Heinrich fürchtete daher, die Römer könnten den König Robert von Neapel herbeirufen, ihn aus Rom verjagen und die Stadt dem Papst wiedergeben. Da er keinen näheren Freund hatte, zu dem er Zuflucht nehmen konnte, als Castruccio, ließ er ihn bitten, er möge ihm nicht nur Hilfe senden, sondern persönlich nach Rom kommen. Castruccio urteilte, daß hier nicht zu zögern sei, sowohl um dem Kaiser einen Dienst zu leisten, als auch, weil er sich für verloren hielt, sobald der Kaiser nicht mehr Rom besäße. Nachdem er also Paolo Guinigi in Lucca gelassen, zog er mit zweihundert Reitern nach Rom, wo er mit den größten Ehrenbezeigungen von Heinrich empfangen wurde. Seine Gegenwart setzte sehr bald die Partei des Reiches wieder in so großes Ansehen, daß ohne Blutvergießen oder andere Gewalttaten alles besänftigt wurde, besonders da Castruccio zur See eine Menge Getreide aus dem Pisanischen kommen ließ und dadurch die Ursache des Aufruhrs beseitigte. Sodann brachte er, teils durch Ermahnungen, teils durch Bestrafung der Rädelsführer, die Römer freiwillig unter die Herrschaft Heinrichs zurück. Castruccio selbst wurde zum römischen Senator ernannt und noch viele andere Ehren wurden ihm vom römischen Volke erwiesen. Die Übernahme des Amtes ging mit größtem Pomp vor sich, wobei er eine Toga aus Goldstoff trug, worauf man vorn die Inschrift las: »Er ist's, den Gott will«; und hinten: »Er wird es sein, den Gott wollen wird«.

Unterdessen sannen die Florentiner, erbittert, daß sich Castruccio während des Waffenstillstandes Pistojas bemächtigt hatte, auf Mittel, diese Stadt zur Empörung zu bewegen, was sie wegen seiner Abwesenheit für leicht hielten. Unter den verwiesenen Pistojesern, die sich in Florenz befanden, waren Baldo Cecchi und Jacopo Baldini, beide Männer von Ansehen und immer bereit, sich in die gefährlichste Unternehmung einzulassen. Diese unterhandelten mit ihren Freunden in der Stadt, so daß sie mit Hilfe der Florentiner in der Nacht in Pistoja eindrangen, die Anhänger und Beamten Castruccios vertrieben, einen Teil von ihnen töteten und der Stadt die Freiheit wiedergaben. Diese Nachricht machte Castruccio großen Verdruß und Mißvergnügen; er beurlaubte sich sogleich bei Heinrich und zog in Eilmärschen nach Lucca. Als die Florentiner Castruccios Rückkehr erfuhren, dachten sie, er werde keine Zeit verlieren, und beschlossen, ihm zuvorzukommen und mit ihrem Heer vor ihm in das Tal des Nievole einzurücken. Durch die Besetzung dieses Tales, urteilten sie, würde ihm der Weg versperrt, so daß er Pistoja nicht wiedererobern könne. Sie zogen also ein großes Heer aus allen Freunden der Guelfenpartei zusammen und rückten ins Pistojesische ein.

Andererseits kam Castruccio mit seinen Soldaten in Montecarlo an. Als er hier erfuhr, wo das florentinische Heer stand, beschloß er, den Feinden weder in der Ebene von Pistoja entgegenzuziehen, noch sie in der Ebene von Pescia zu erwarten, sondern möglichst in der Enge von Serravalle mit ihnen zusammenzutreffen. Wenn ihm dieser Plan gelänge, dachte er einen gewissen Sieg davonzutragen. Er erfuhr nämlich, daß die Florentiner 40000 Mann beisammen hätten, und er selbst hatte nur 12000 von den Seinigen ausgehoben. Obgleich er nur auf seine Geschicklichkeit und auf die Tapferkeit seiner Soldaten vertraute, so fürchtete er doch, auf einem weiten Schlachtfeld kämpfend, von der Menge der Feinde überflügelt zu werden.

Serravalle ist ein Kastell an der Straße zwischen Pescia und Pistoja; es liegt auf der linken Talwand des Nievole, aber nicht am eigentlichen Paß, sondern einen Bogenschuß weiter oberhalb. Der Paß ist mehr eng als steil, denn die Straße steigt von beiden Seiten sanft hinan, aber er ist so eng, daß oben, wo sich die Wasser scheiden, eine Reihe von zwanzig Mann ihn sperren könnte. An diesem Ort mit dem Feind zusammenzutreffen, war Castruccios Plan, sowohl damit seine wenigen Leute im Vorteil wären, als auch damit sie den Feind nicht vor dem Kampf erblickten, da er fürchtete, sie könnten durch den Anblick der großen Menge der Feinde den Mut verlieren. Herr des Kastells Serravalle war Messer Manfred, von Nation ein Deutscher, der vor Castruccios Herrschaft in Pistoja in diesem Kastell, als einem den Luccanern und Pistojesern gemeinschaftlich gehörenden Orte, gelassen worden war. Auch später hatte es in niemandes Interesse gelegen, ihn zu verletzen, da er allen neutral zu bleiben und sich keinem anzuschließen versprach; so daß man ihn deshalb, und weil er sich in einem festen Ort befand, unangefochten ließ. Unter den gegenwärtigen Umständen aber wünschte Castruccio diesen Ort zu besitzen und verabredete mit einem Einwohner, mit dem er in enger Freundschaft stand, daß die Nacht vor der zu liefernden Schlacht 400 Mann eingelassen würden und Manfred töteten.

So vorbereitet, ließ Castruccio sein Heer nicht von Montecarlo aufbrechen, um die Florentiner mehr zum Überschreiten des Hügels zu ermutigen. Diese, im Wunsch, den Krieg von Pistoja zu entfernen und ins Nievoletal hinüberzuspielen, lagerten sich unterhalb Serravalle in der Absicht, den nächsten Tag die Talwand zu überschreiten. Indessen hatten die 400 Soldaten Castruccios ohne Lärm in der Nacht das Kastell genommen, und er selbst brach um Mitternacht von Montecarlo auf und langte geräuschlos mit seinem Heere morgens am Fuße der Berge unterhalb Serravalle an, so daß zugleich die Florentiner und er, jeder auf seiner Seite, den Abhang hinanzusteigen begannen. Castruccio hatte sein Fußvolk auf der gewöhnlichen Straße in Marsch gesetzt und ein Geschwader von 400 Pferden links nach dem Kastell gerichtet. Die Florentiner auf der anderen Seite hatten 400 Pferde vorausgesandt, denen das Fußvolk und diesem die Schweren Reiter folgten. Sie dachten nicht Castruccio auf dem Rücken zu finden; denn sie wußten nicht, daß er sich des Kastells bemächtigt hatte. Auf diese Weise erblickten die florentinischen Reiter nach Ersteigung des Abhangs unerwartet das Fußvolk Castruccios und waren ihm schon so nahe, daß sie kaum Zeit hatten, die Helme festzubinden.

Bei diesem Angriff der Vorbereiteten und Geordneten auf Unvorbereitete drangen jene mit großem Mut vor, und diese widerstanden mit Mühe; wobei jedoch einige von ihnen kräftig standhielten. Als aber der Lärm durch das übrige florentinische Heer sich verbreitete, geriet alles in Verwirrung. Die Reiter wurden vom Fußvolk bedrängt, das Fußvolk von den Reitern und den Wagen, die Führer konnten wegen der Enge des Ortes weder vor- noch rückwärts, so daß niemand in so großer Verwirrung wußte, was man tun könnte oder sollte. Unterdessen wurden die Reiter, die mit dem feindlichen Fußvolk fochten, getötet oder verwundet, ohne sich verteidigen zu können, da ihnen dies das ungünstige Gelände nicht erlaubte. Dennoch widerstanden sie, mehr gezwungen als aus Tapferkeit, da, zur Seite die Berge, hinter sich die Ihrigen, vor sich die Feinde, ihnen kein Weg zur Flucht offen blieb.

Als Castruccio sah, daß er auf diese Weise den Feind nicht zurückschlagen konnte, schickte er 1000 Mann Fußvolk auf den Weg nach dem Kastell, wo sie, mit den 400 Pferden, die er schon früher dahin gesendet hatte, vereinigt, den Berg herabstiegen und dem florentinischen Heere mit solchem Ungestüm in die Flanken fielen, daß es, außerstande ihren Angriff auszuhalten mehr durch das Terrain als vom Feinde besiegt zu fliehen begann. Den Anfang machten die Hintersten gegen Pistoja zu, sodann folgten die anderen, und alle zerstreuten sich in die Ebene, wo jeder so gut er konnte auf seine Rettung bedacht war.

Die Niederlage war groß und blutig. Viele Führer wurden gefangen, darunter Bandino dei Rossi, Francesco Brunelleschi und Giovanni della Tosa, sämtlich florentinische Edle, nebst vielen anderen Toskanern und Neapolitanern, die, von König Robert den Guelfen zu Hilfe gesendet, mit den Florentinern in den Krieg gezogen waren.

Als die Pistojeser die Nachricht von dieser Niederlage erhielten, vertrieben sie ohne Zögern die den Guelfen befreundete Partei und übergaben sich an Castruccio. Dieser, damit noch nicht zufrieden, nahm Prato und alle Kastelle der Ebene sowohl diesseits als jenseits des Arno ein, worauf er sich mit seinem Heer in der Ebene von Peretola, zwei Miglien von Florenz, lagerte. Hier blieb er viele Tage, um die Beute zu teilen und den errungenen Sieg zu feiern, wobei er, um seine Verachtung gegen die Florentiner zu zeigen, Münzen schlagen und Wettrennen von Pferden, Männern und Freudenmädchen halten ließ. Er unterließ nicht, einige edle florentinische Bürger zu bestechen, daß sie ihm des Nachts die Tore von Florenz öffnen sollten. Allein die Verschwörung wurde entdeckt und die Schuldigen verhaftet und enthauptet, worunter Tommaso Lupacci und Lambertuccio Frescobaldi, waren.

Die durch die Niederlage entmutigten Florentiner verzweifelten an der Rettung ihrer Freiheit und schickten, um der Hilfe gewisser zu sein, Gesandte an den König Robert von Neapel, ihm Stadt und Herrschaft zu übergeben. Der König nahm an, aber nicht wegen der Ehre, die ihm die Florentiner erzeigten, sondern weil er wußte, wie wichtig es für seine eigenen Staaten sei, daß die Guelfen die Regierung in Toskana behielten. Nach geschlossener Übereinkunft, daß ihm die Florentiner jährlich 200000 fl. bezahlen sollten, schickte er seinen Sohn Karl mit 4000 Pferden nach Florenz.

Unterdessen hatten sich die Florentiner ein wenig gegen die Kriegsvölker Castruccios erhoben, da er selbst genötigt gewesen war, sich aus ihrem Gebiete zu entfernen und nach Pisa zu gehen, um eine Verschwörung Benedetto Lanfranchis, eines der ersten Männer von Pisa, zu unterdrücken. Benedetto, dem es unerträglich war, daß sein

Vaterland die Sklavin eines Luccaners sein sollte, verschwor sich gegen ihn und hatte den Plan entworfen, sich der Zitadelle zu bemächtigen und, nach Vertreibung der Besatzung, die Anhänger Castruccios zu töten. Weil aber in diesen Dingen die kleine Zahl, zwar sehr geeignet das Geheimnis zu bewahren, zur Ausführung nicht hinreicht, so fand er, während er mehr Männer zur Teilnahme an seinem Vorhaben zu gewinnen suchte, einen, der seinen Plan Castruccio verriet. Der Verrat ging nicht ohne Schande für Bonifazio Cerchi und Giovanni Guidi vor sich, zwei Florentiner, die nach Pisa verwiesen waren. Castruccio aber ergriff Benedetto, tötete ihn, verbannte alle übrigen aus dieser Familie und enthauptete viele andere edle Bürger. Überhaupt suchte er sich Pistojas und Pisas, die ihm wenig treu schienen, durch Geschicklichkeit und Gewalt zu versichern.

Dies gab den Florentinern Zeit, wieder Kräfte zu sammeln und die Ankunft Karls abwarten zu können. Als er angekommen war, beschlossen sie, keine Zeit zu verlieren, und brachten eine große Macht zusammen;

denn sie riefen fast alle Guelfen Italiens herbei und bildeten so ein Herr von mehr als 30000 Mann Fußvolk und 10000 Pferden. Bei der Beratung, welche Stadt zuerst anzugreifen sei, Pistoja oder Pisa, entschlossen sie sich für den Angriff auf Pisa, als die Unternehmung, die wegen der frischen, dieser Stadt zugefügten Unbill leichter gelingen würde und vorteilhafter wäre, da durch den Fall Pisas Pistoja sich von selbst ergeben würde.

Die Florentiner zogen also am Anfang des Mai 1328 mit diesem Heer von Florenz aus, nahmen rasch Lastra, Signa, Montepulciano und Empoli ein und rückten vor San Miniato.

Castruccio andererseits, durch die Nachricht von dem großen Heer, das die Florentiner gegen ihn heranführten, nicht im geringsten entmutigt, dachte, dies sei die Zeit, wo ihm das Glück die Herrschaft über Toskana in die Hand geben wolle. Denn er glaubte, die Feinde würden im Pisanischen nicht besser bestehen, als sie bei Serravalle bestanden hatten, und hier hatten sie die Hoffnung, sich wieder zu sammeln nicht mehr wie damals. Nachdem er 20 000 Mann Fußvolk und 4000 Pferde zusammengezogen hatte, lagerte er sich mit dem Heere zu Fucecchio und sandte Paolo Guinigi mit 5000 Mann Fußvolk nach Pisa. Fucecchio ist durch seine Lage fester als alle anderen Kastelle im Pisanischen, weil es zwischen der Gusciana und dem Arno liegt und etwas über die Ebene erhaben ist. In dieser Stellung konnten die Feinde Castruccio die Lebensmittel, die ihm von Lucca oder Pisa zugeführt wurden, nicht abschneiden, wenn sie sich nicht in zwei Teile teilten. Ebenso konnten sie nur zu ihrem Nachteil ihn angreifen oder gegen Pisa ziehen. Im ersten Falle konnten sie von dem Heer Castruccios und von der Besatzung von Pisa in die Mitte genommen werden. Im zweiten Falle mußten sie über den Arno setzen, was sie, im Angesicht des Feindes, nur mit großer Gefahr tun konnten. Um sie zu dieser letzten Maßregel zu ermutigen, hatte Castruccio sein Heer nicht an das Ufer des Arno, sondern seitwärts an die Mauern von Fucecchio gelehnt und einen bedeutenden Raum zwischen dem Fluß und sich freigelassen.

Nachdem die Florentiner San Miniato eingenommen hatten, berieten sie sich, was zu tun sei: Pisa anzugreifen oder gegen Castruccio zu ziehen. Nach Erwägung der Schwierigkeit beider Maßregeln entschlossen sie sich zum letzteren. Der Fluß Arno stand so nieder, daß man ihn durchwaten konnte, jedoch so, daß das Fußvolk bis an die Schultern, die Pferde bis an die Sättel im Wasser gingen.

Es war am Morgen des zehnten Juni, als die Florentiner, in Schlachtordnung gestellt, einen Teil ihrer Reiterei und eine Schar von 10000 Mann Fußvolk übersetzen zu lassen begannen. Castruccio, geordnet und zur Ausführung seines Planes bereit, rückte ihnen mit einer Schar von 5000 Mann zu Fuß und 3000 Pferden entgegen und eröffnete, ohne ihnen Zeit zu lassen, alle aus dem Wasser herauszusteigen, die Schlacht. 1000 Mann leichtes Fußvolk schickte er den Arno aufwärts, und 1000 abwärts. Das florentinische Fußvolk war durch das Wasser und seine Waffen beschwert und hatte noch nicht in seiner Gesamtheit das Flußufer erstiegen. Die ersten Pferde der Reiterei zerstampften den Grund des Arno und machten den Übergang für die übrigen schwierig; denn von diesen, die die Flut bodenlos fanden, warfen viele ihre Reiter ab, viele blieben so fest im Schlamm stecken, daß man sie nicht mehr herausziehen konnte.

Als die florentinischen Führer die Schwierigkeit, an dieser Stelle überzusetzen, sahen, ließen sie den Rest der Reiterei den Fluß weiter hinaufziehen, um unverdorbenen Grund und einen sanfteren Uferabhang zu finden. Ihnen widersetzten sich die von Castruccio flußaufwärts gesandten Fußknechte, die leichtbewaffnet, mit Rundtartschen und Schiffsspeeren in der Hand, die Pferde unter großem Geschrei an Stirn und Brust verwundeten, so daß sie, durch die Wunden und das Geschrei erschreckt, nicht vorwärts wollten, sich überschlugen und rückwärts übereinander herfielen.

Der Kampf zwischen denen, die Castruccio selbst führte, und den schon übergesetzten Feinden war hartnäckig und schrecklich. Auf beiden Seiten fielen viele, und beide Gegner bestrebten sich aus allen Kräften, den andern zu überwinden. Die Soldaten

Castruccios wollten die Florentiner in den Fluß zurückstürzen, die Florentiner wollten jene zurückdrängen, um dem Rest ihres Heeres Platz zu machen, damit es aus dem Wasser steigen und kämpfen könnte. Diese Hartnäckigkeit vermehrten noch die Ermahnungen der Führer. Castruccio erinnerte die Seinigen, dies seien dieselben Feinde, die sie vor nicht langer Zeit bei Serravalle besiegt hätten, und die Florentiner warfen den Ihrigen vor, daß die vielen sich von den wenigen überwinden ließen.

Als Castruccio sah, daß die Schlacht fortdauerte, daß die Seinigen und die Gegner ermattet, und daß von beiden Seiten viele verwundet und getötet waren, ließ er eine zweite Schar von 5000 Mann vorrücken. Nachdem er sie in den Rücken seiner ersten fechtenden Schar gestellt hatte, befahl er dieser, sich zu öffnen und, als ob sie die Flucht ergriffe, zur Hälfte rechts, zur Hälfte links um die Flügel der zweiten Schar sich zurückzuziehen. Dies erlaubte den Florentinern vorzurücken und ein wenig Terrain zu gewinnen. Als aber die frischen Soldaten mit den ermüdeten zum Kampfe kamen, trieben sie nach kurzem Widerstand die Florentiner in den Fluß zurück.

Von der beiderseitigen Reiterei (der größere Teil der florentinischen war endlich übergesetzt) war noch keine im Vorteil, weil Castruccio, der die seinige schwächer wußte, den Condottieri befohlen hatte, dem Feind nur standzuhalten. Denn er hatte gehofft, das Fußvolk zu überwinden und nach dessen Überwindung dann leichter die Reiter besiegen zu können; was ihm auch nach seinem Plane gelang. Als er sah, daß sich das feindliche Fußvolk in den Fluß zurückgezogen hatte, sandte er den Rest seines Fußvolkes den feindlichen Reitern in den Rücken, die, mit Piken und Wurfspießen verwundet und zu gleicher Zeit von Castruccios Reiterei mit größerem Ungestüm bedrängt, flohen.

Zuvor schon hatten die florentinischen Feldherren, als sie sahen, wie schwer ihrer Reiterei der Übergang wurde, versucht, eine Schar Fußvolk an einer Stelle weiter flußabwärts übersetzen zu lassen, um den Soldaten Castruccios in die Flanke zu fallen. Allein da die Ufer hoch und oben von den 1000 Leichtbewaffneten Castruccios besetzt waren, mißlang auch dieser Versuch.

Das florentinische Heer wandte sich also zu großem Ruhme und Ehre Castruccios zu regelloser Flucht, und von einer so großen Menge kam kaum der dritte Mann davon. Viele Führer wurden gefangen, und Karl, der Sohn des Königs Robert, mit Michelangnolo Falconi und Taddeo degli Albizzi, den florentinischen Kommissaren, entfloh nach Empoli. Die Beute war groß und das Blutbad furchtbar, wie man aus so allgemeinem und hartnäckigem Kampfe schließen kann. Vom florentinischen Heer starben 20231, und von dem Castruccios 1270.

Aber das seinem Ruhm feindliche Schicksal nahm Castruccio das Leben, als es gerade die Zeit war, es ihm zu erhalten, und unterbrach die Ausführung von Plänen, die er lange vorher durchdacht hatte und die nur der Tod verhindern konnte. Castruccio hatte sich den ganzen Tag angestrengt. Am Ende der Schlacht hielt er atemlos und mit Schweiß bedeckt am Tore von Fucecchio, um die Rückkehr seiner siegreichen Solda-

ten zu erwarten, sie selbst zu empfangen und ihnen zu danken, sowie auch, um sogleich bereit zu sein, wenn der Feind irgendwo wieder Front machen würde oder sonst ein Vorfall seine Gegenwart forderte. Er erachtete es für die Pflicht eines guten Feldherrn, als erster aufs Pferd und als letzter vom Pferd zu steigen. Als er so, einem Wind ausgesetzt, hielt, der sich meistens um Mittag von der Seite des Arno her erhebt und fast immer der Gesundheit verderblich ist, erstarrte er am ganzen Leib vor Kälte, was von ihm, der an solche Unbilden gewöhnt war, nicht beachtet wurde und die Ursache seines Todes wurde. Die folgende Nacht ergriff ihn ein heftiges Fieber, das immer zunahm und von allen Ärzten für tödlich erklärt wurde. Als Castruccio dies selbst fühlte, ließ er Paolo Guinigi rufen und sprach zu ihm folgende Worte:
»Wenn ich, mein Sohn, geglaubt hätte, daß mir das Schicksal mitten in meinem Lauf die Bahn zu dem Ruhme verkürzen wollte, den ich mir bei soviel glücklichen Erfolgen versprach, so würde ich mich weniger angestrengt und ich würde dir wenn auch einen

kleineren Staat, doch auch weniger Feinde und weniger Eifersucht hinterlassen haben. Zufrieden mit der Herrschaft über Lucca und Pisa, würde ich die Pistojeser nicht unterjocht und die Florentiner nicht durch so viele Kränkungen gereizt haben. Mein Leben würde, wenn auch nicht länger, doch gewiß ruhiger gewesen sein, und ich würde dir den Staat, wenn auch kleiner, doch ohne Zweifel sicherer und fester hinterlassen haben. Allein das Schicksal, das über alle menschlichen Dinge willkürlich entscheiden will, gab mir nicht soviel Scharfblick, seinen Willen vorauszusehen, noch soviel Zeit, daß ich es hätte überwinden können. Du hast gehört, denn viele haben es dir gesagt, und ich leugnete es nie, daß ich im ersten Jünglingsalter und ohne alle die Hoffnungen, die in jeder hochherzigen Brust wurzeln müssen, ins Haus deines Vaters kam, und daß ich von ihm erzogen und viel mehr geliebt wurde, als wenn ich aus seinem eigenen Blute entsprossen wäre. So wurde ich unter seiner Leitung tapfer und fähig, so hoch zu steigen, als du selbst gesehen hast und siehst. Da er mir sterbend dich und alle seine Besitzungen anvertraute, so habe ich dich mit der Liebe erzogen und deine Besitzungen mit der Treue vermehrt, wozu ich verpflichtet war und bin. Damit nicht allein dein sein sollte, was dir dein Vater hinterließ, sondern auch was mein Glück und meine Tapferkeit gewann, wollte ich niemals heiraten, damit mich die Liebe zu meinen Kindern nicht abhielt, in irgendeiner Hinsicht gegen das Blut deines Vaters die Dankbarkeit zu zeigen, zu der ich verpflichtet zu sein glaubte. Ich hinterlasse dir daher einen großen Staat, was mich sehr erfreut. Daß ich ihn dir aber schwach und unbefestigt hinterlasse, das schmerzt mich sehr. Es bleibt dir die Stadt Lucca, die sich niemals damit abfinden wird, unter deiner Herrschaft zu leben. Es bleibt dir Pisa, wo die Menschen von Natur beweglich und voll Falschheit sind. Obgleich in verschiedenen Zeiten zu dienen gewöhnt, werden sie doch immer über den luccanischen Herrn unwillig sein. Auch Pistoja ist dir wenig treu, weil es geteilt ist und gegen unser Haus durch die frischen Unbilden gereizt. Du hast die beleidigten, auf tausenderlei Art von uns verletzten und nicht vernichteten Florentiner zu Nachbarn. Ihnen wird die Nachricht meines Todes angenehmer sein, als es die Eroberung von Toskana ihnen sein würde. Auf die Fürsten von Mailand und auf den Kaiser kannst du dich nicht verlassen, weil sie fern, lässig und ihre Unterstützungen spät sind. Du darfst daher auf nichts anderes deine Hoffnung setzen, als auf deine Geschicklichkeit, auf das Andenken an meine Tapferkeit und auf das Ansehen, in das dich der gegenwärtige Sieg setzt. Wirst du diesen mit Klugheit zu benutzen wissen, so wird er dir zu einem Vertrag mit den Florentinern helfen, wozu diese, entmutigt durch die gegenwärtige Niederlage, sehr bereitwillig ihre Zustimmung geben müssen. Ich meinesteils suchte sie mir zu Feinden zu machen und dachte, daß mir ihre Feindschaft Macht und Ruhm bringen müsse. Du aber hast dich aus allen Kräften zu bestreben, sie dir zu Freunden zu machen; denn ihre Freundschaft wird dir Sicherheit und Vorteil bringen. Es ist in der Welt von großer Wichtigkeit, sich selbst zu kennen und zu wissen, die Kraft seines Geistes und Staates zu messen. Wer sich nicht tauglich zum Kriege weiß, muß sich bestreben, durch die Künste des Friedens zu regieren. Mein Rat ist es, daß du dich hierzu wendest und auf diesem Wege die Früchte meiner Anstrengungen und Gefahren zu genießen strebst; und leicht wird dir dies gelingen, wenn du diese meine Ermahnungen beherzigst. Du wirst mir doppelt verpflichtet sein: zuerst weil ich dir dies Reich hinterlasse, dann weil ich dich es zu erhalten gelehrt habe.«

Hierauf ließ er die Bürger von Lucca, von Pisa und von Pistoja kommen, die seine Krieger waren, empfahl ihnen Paolo Guinigi, ließ sie ihm Gehorsam schwören und starb. Er ließ bei allen, die seinen Namen gehört, eine glückliche Erinnerung zurück, und bei denen, die seine Freunde gewesen waren, so große Sehnsucht nach ihm, als je ein anderer Fürst in irgendeiner Zeit bei seinem Tode zurückgelassen hat. Sein Leichenbegängnis wurde auf das ehrenvollste gefeiert, und er wurde in S. Francesco zu Lucca beigesetzt. Aber Tapferkeit und Glück waren Paolo Guinigi nicht so günstig als Castruccio; denn nicht lange nachher verlor er Pistoja und hierauf Pisa, und kaum erhielt er die Herrschaft über Lucca, die bis auf seinen Urenkel Paolo bei seinem Hause blieb.

Castruccio war also, wie wir es gezeigt haben, ein seltener Mann, nicht allein in seiner Zeit, sondern auch in der früheren Geschichte. Er war von mehr als gewöhnlicher Körpergröße und jedes seiner Glieder stand im richtigen Ebenmaß. Er besaß in seinem ganzen Äußeren soviel Anmut und zeigte soviel Leutseligkeit, wenn er die Menschen empfing, daß niemals jemand mit ihm sprach, der sich unzufrieden entfernt hätte. Sein Haar, das ins Rote spielte, trug er oberhalb der Ohren geschnitten, und immer bei jedem Wetter, mochte es regnen oder schneien, ging er mit bloßem Haupte. Er war den Freunden wert, den Feinden schrecklich, gerecht gegen seine Untertanen, treulos gegen die Treulosen, und nie versuchte er durch Gewalt zu siegen, wo er es durch Betrug vermochte; denn der Sieg, sagte er, nicht die Art des Sieges bringt dir Ruhm. Niemand war je kühner, wenn es galt, sich in Gefahr zu begeben, noch vorsichtiger, um daraus hervorzugehen; und er pflegte zu sagen: die Menschen müßten alles versuchen und vor nichts zurückschrekken, und Gott sei der kräftigen Männer Freund; denn man sehe, daß er die Schwächlinge durch die Starken züchtige. Er war auch bewundernswürdig in seinen Antworten und von beißendem Witz, und wie er hierin niemand schonte, so wurde auch er nicht unwillig, wenn man ihn nicht schonte. Man findet daher viele beißende Worte, die er teils selbst sagte, teils geduldig anhörte. Es folgen einige davon.

Als er ein Rebhuhn um einen Dukaten kaufen ließ und ihn deshalb ein Freund tadelte, fragte Castruccio: »Du würdest nicht mehr als einen Dreier bezahlt haben?« Als ihm der Freund recht gab, sagte Castruccio: »Für mich ist ein Dukaten viel weniger wert.« – Er hatte einen Schmeichler um sich, den er einmal aus Verachtung anspie. Der Schmeichler sagte hierauf: »Um einen kleinen Fisch zu fangen, lassen sich die Fischer ganz vom Meere benetzen; ich werde mich doch wohl durch ein wenig Speichel benetzen lassen, um einen Walfisch zu fangen!« Castruccio hörte dies nicht nur geduldig an, sondern beschenkte ihn. – Als ihm ein Geistlicher sagte, es sei unrecht, daß er so glanzvoll lebe, antwortete Castruccio: »Wenn dies ein Laster wäre, so würdet Ihr nicht am Feste Allerheiligen so kostbare Gastmähler geben.« – Als er durch eine Straße ging und einen jungen Menschen sah, der aus dem Hause eines Freudenmädchens kam und, als er ihn sah, feuerrot wurde, sprach er: »Nicht wenn du heraus-, wenn du hineingehst, schäme dich.« – Als ihm ein Freund einen geschickt geschlungenen Knoten zu lösen gab, sagte er: »O Tor, glaubst du, ich werde etwas lösen, was mir gebunden schon soviel zu schaffen macht?« – Als Castruccio zu einem Manne, der aus der Philosophie ein Handwerk machte, sprach: »Ihr seid wie die Hunde, die immer dem nachlaufen, der ihnen am besten zu essen gibt«, entgegnete ihm jener: »Wir sind vielmehr wie die Ärzte, die zu denen ins Haus kommen, die ihrer am meisten bedürfen.« – Als er zur See von Pisa nach Livorno fuhr und sich ein gefährlicher Sturm erhob, der Castruccio sehr beunruhigte, warf ihm einer seiner Begleiter Kleinmut vor, indem er beifügte, er für seine Person füchte nichts. »Darüber wundere ich mich nicht«, antwortete Castruccio, »denn jeder schätzt sein Leben so hoch ein, wie es wert ist.« – Von jemand gefragt, was er machen solle, um Achtung zu erwerben, sprach er: »Wenn du zu einem Gastmahl gehst, mach, daß nicht ein Klotz auf dem anderen sitzt.« – Als sich einer rühmte, viel gelesen zu haben, sagte Castruccio: »Besser wäre es, sich zu rühmen, viel behalten zu haben.« – Als sich einer rühmte, er könne viel trinken, ohne berauscht zu werden, sagte er: »Das kann auch ein Ochse.« – Castruccio lebte mit einem jungen Mädchen in vertrautem Umgang und wurde deshalb von einem Freunde getadelt, besonders da es schlimm sei, daß er sich von einem Weibe habe erobern lassen. »Du irrst«, sprach Castruccio, »ich habe sie erobert, nicht sie mich.« – Als ihn gleichfalls einer tadelte, daß er zu köstlich speise, fragte er: »Du würdest nicht so viel dafür ausgeben wie ich?« Als ihm jener recht gab, entgegnete er: »So bist du also geiziger, wie ich leckermäulig.« – Bei Taddeo Bernardi, einem sehr reichen, prachtliebenden Luccaner, zur Tafel geladen, zeigte ihm Taddeo ein Zimmer, das ganz mit Seidentapeten geschmückt war und dessen Fußboden aus Mosaik bestand, wo feine Steine von verschiedenen Farben so kunstvoll eingelegt waren, daß sie Blumen, Blätter und Laubwerk darstellten. Als nun Castruccio viel Spucke im Mund gesammelt hatte, spie er alles Taddeo ins Gesicht, und als dieser hierüber in Zorn geriet, sprach er: »Ich wußte nicht, wohin ich speien sollte, daß es dich weniger beleidigt hätte.« – Gefragt, wie Cäsar starb, sprach er: »Wollte Gott, daß ich stürbe wie er.« – Als er im Hause eines seiner Edelleute, wo viele Damen zu einem nächtlichen Feste eingeladen waren, die ganze Nacht hindurch tanzte und sich mehr belustigte, als sich für seinen Stand ziemte, und deshalb von einem Freunde getadelt wurde, sagte er: »Wer am Tage für weise gilt, wird bei der Nacht nicht für einen Narren gelten.« – Als ihn einer um eine Gnade bat und Castruccio tat, als höre er ihn nicht, warf sich dieser vor ihm auf die Knie, und als ihm Castruccio dies verwies, sprach er: »Du bist selbst schuld, weil du deine Ohren an den Füßen hast.« Worauf er doppelt so viel erreichte, als er verlangt hatte. – Er pflegte zu sagen, der Weg zur Hölle sei leicht, da man bergab und mit geschlossenen Augen gehe. – Als ihn einer mit einem Schwall überflüssiger Worte um eine Gnade bat, sagte Castruccio: »Wenn du in Zukunft wieder etwas von mir willst, schicke einen anderen.« – Als ihn ein ähnlicher Mann mit einer langen Rede gelangweilt hatte und mit den Worten schloß: »Ich habe Euch vielleicht durch zu viele Worte ermüdet«, sagte er: »O nein; denn ich habe nichts von allem gehört, was du gesagt hast.« – Er pflegte von einem zu sagen, der ein schöner Knabe gewesen und dann ein schöner Mann war, er sei allzu beleidigend, da er zuerst die Männer ihren Weibern untreu gemacht und jetzt die Weiber ihren Männern untreu mache. – Einen neidischen Menschen, der lachte, fragte er: »Lachst du, weil du vergnügt bist, oder weil ein anderer Kummer hat?« – Als er noch unter Messer Francesco Guinigi stand, fragte ihn einer: »Was muß ich dir geben, daß du eine Ohrfeige aushältst?« Castruccio antwortete: »Einen Helm.« — Als er einen Bürger von Lucca hatte hinrichten lassen, der Ursache seiner Größe gewesen war, und ihm gesagt wurde, er habe übel getan, einen seiner alten Freunde töten zu lassen, antwortete er: »Man irre; denn er habe einen neuen Feind getötet.« — Castruccio lobte die Leute sehr, die sagten, sie wollten heiraten, und dann nicht heirateten; und ebenso die, die sagten, sie wollten sich einschiffen, und sich dann nicht einschifften. — Er sagte, er wundere sich sehr über die Menschen, daß sie beim Einkauf eines irdenen oder gläsernen Gefäßes zuerst den Klang probieren, um zu sehen, ob es gut sei, und daß sie sich dann, wenn sie heiraten, mit dem Betrachten der Braut begnügen. — Als ihn jemand fragte, wie er einst begraben sein wolle, antwortete er: »Mit dem Gesicht abwärts; denn ich weiß, daß, sobald ich tot bin, das ganze Land umgekehrt werden wird.« — Gefragt, ob er zum Heil seiner Seele daran denke, einmal Mönch zu werden, antwortete er: »Nein; denn es scheine ihm sonderbar, daß Bruder Lazzarone ins Paradies eingehen und Uguccione della Faggiuola in die Hölle kommen solle.« – Gefragt, wann man essen solle, um gesund zu bleiben, antwortete er: »Wer reich ist, wann er Hunger hat; wer arm ist, wann er kann.« – Als er sah, daß einer seiner Edelleute sich von einem Diener zuknöpfen ließ, sagte er: »Ich bitte Gott, daß du dich auch noch füttern lässest.« – Als er las, daß ein Mann mit lateinischen Buchstaben an sein Haus hatte schreiben lassen: Gott bewahre dies Haus vor den Bösen, sagte er: »Da darf er selbst nicht hineingehen.« – Durch eine Straße gehend, wo ein kleines Haus mit einem großen Tor stand, sagte er: »Dies Haus wird durch seine Türe davongehen.« – Als er mit einem Gesandten des Königs von Neapel wegen der Güter einiger Verwiesener stritt und ein wenig heftig wurde, sagte der Gesandte: »Also fürchtest du dich nicht vor dem König?« Worauf Castruccio fragte: »Ist er gut oder böse, euer König?« Als nun jener antwortete, er sei gut, entgegnete Castruccio: »Warum willst du denn, daß ich die guten Menschen fürchten soll?« – Es ließen sich noch viele andere Worte von ihm erzählen, in denen allen man Geist und Inhalt finden würde; die angeführten sollen mir aber zum Beweise seiner großen Eigenschaften genügen.

Castruccio lebte vierundvierzig Jahre, ein Fürst in jeder Lage. Wie von seinem Glück viele Denkmäler bleiben, so sollten deren auch von seinem Unglück aufbewahrt werden. Die Handschellen, mit denen er im Kerker gefesselt war, sieht man heute noch in dem Turm seiner Wohnung aufgehängt, wo sie ihm angelegt wurden, damit sie stets Zeugnis geben von seinem Mißgeschick. Wie er im Leben weder Philipp von Macedonien, dem Vater Alexanders, noch dem Römer Scipio nachstand, so starb er auch im selben Alter, in dem beide starben; und ohne Zweifel würde er beide übertroffen haben, wenn er statt Lucca Macedonien oder Rom zum Vaterland gehabt hätte.

DIE BELFAGOR-
NOVELLE

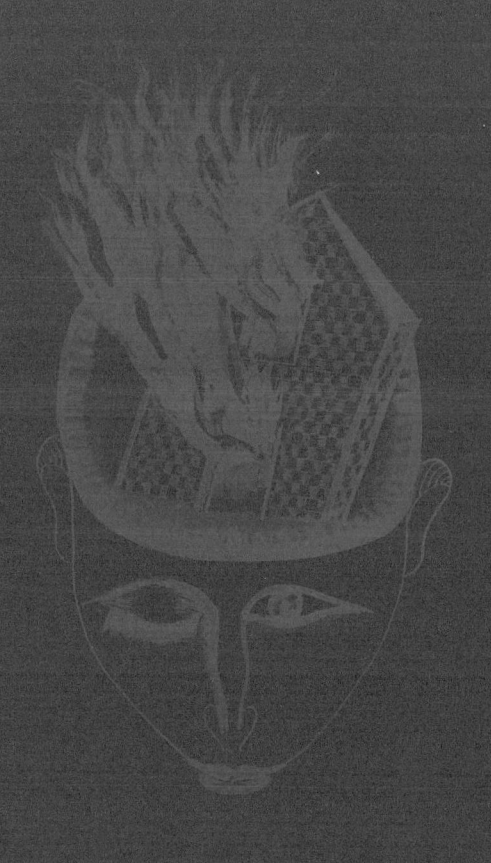

DER ERZTEUFEL BELFAGOR WIRD VON PLUTO AUF DIE ERDE GESANDT, MIT DER VERPFLICHTUNG, EINE FRAU ZU NEHMEN. ER KOMMT, NIMMT EINE FRAU, UND UNVERMÖGEND IHREN HOCHMUT ZU ERTRAGEN, KEHRT ER LIEBER ZUR HÖLLE ZURÜCK, ALS SICH WIEDER MIT IHR ZU VEREINIGEN

Man liest in den Denkwürdigkeiten von Florenz folgenden Bericht, den ein heiliger Mann, dessen Lebenswandel in jener Zeit männiglich pries, von einem Gesichte gibt, das er einst, in seine Andachtsübungen vertieft, gehabt hatte.

Von den zahllosen Seelen der armen Sterblichen, die, in göttlicher Ungnade sterbend, zur Hölle fuhren, beklagten sich alle oder doch die meisten, die Ursache ihres unglückseligen Geschickes sei allein, daß sie geheiratet hätten. Minos und Rhadamanthus, sowie die anderen Richter der Unterwelt, gerieten darüber in das größte Erstaunen. Da sie diese Verleumdung des schönen

Geschlechtes nicht glauben konnten, die Klagen aber täglich lauter wurden, so erstatteten sie Pluto pflichtmäßigen Bericht, und Pluto beschloß, diesen Fall mit allen höllischen Fürsten in reifliche Beratung zu ziehen und dann die Maßregel zu ergreifen, welche man zur Entdeckung der Täuschung oder zur völligen Aufklärung der Wahrheit für die dienlichsten erachten würde. Nach Einberufung der Stände der Unterwelt hielt also Pluto folgende Rede an die Versammlung:

»Obgleich Wir, Liebe und Getreue, durch himmlische Fügung und unwiderruflichen Schicksalsschluß diesen Thron besitzen, und deshalb weder einem menschlichen noch göttlichen Richterstuhl Rechenschaft schuldig sind, so halten Wir es doch für um so größere Klugheit, Uns den Gesetzen zu unterwerfen und die öffentliche Meinung zu achten, je mächtiger Wir sind. Wir haben daher beschlossen, euren Rat einzuholen, wie Wir Uns in einem Falle, der Unserem Reiche Unehre zuziehen könnte, benehmen sollen. Alle Seelen der Menschen, die in unser Reich kommen, behaupten, ihre Weiber seien daran schuld, und Uns scheint dies unmöglich. Wir fürchten daher, entweder als zu grausam verleumdet zu werden, wenn Wir Unser Urteil auf diese Angaben hin fällen, oder für zu wenig streng und gerechtigkeitsliebend gehalten zu werden, wenn Wir es nicht tun. Da nun das eine der Fehler leichtfertiger, das andere der Fehler ungerechter Menschen ist, und Wir die Vorwürfe vermeiden wollen, die Wir Uns sowohl durch das eine, als durch das andere zuziehen könnten, Wir aber kein Mittel dazu finden, so haben Wir euch versammeln lassen, damit ihr uns mit eurem Rate unterstützt und Ursache werdet, daß dies Reich, das bis jetzt immer ohne Schande bestanden hat, auch in Zukunft ohne Schande fortbestehe.«

Der Fall schien allen Fürsten von größter Bedeutung und sehr beachtenswert. Alle waren einig, man müsse über die Sache ins reine kommen; nur über das Wie wichen die Meinungen voneinander ab. Der eine wollte, man solle einen, der andere, man solle mehrere auf die Welt schicken, um in menschlicher Gestalt durch eigene Erfahrung die Wahrheit zu erforschen. Viele andere glaubten, man könne dies ohne soviel Mühe erreichen, wenn man mehrere Seelen durch verschiedene Martern zum Geständnis zwänge. Da jedoch die Mehrzahl für die erste Meinung stimmte, so einigte man sich endlich. Allein nun fand sich niemand, der den Auftrag freiwillig übernahm; man beschloß, das Los entscheiden zu lassen. Es fiel auf den Erzteufel Belfagor, der vor seinem Sturz vom Himmel Erzengel gewesen war. Obgleich er ungern diese Mühe übernahm, machte er sich, durch den Befehl Plutos gezwungen, fertig, dem Beschlusse der Versammlung nachzukommen, und unterwarf sich den Bedingungen, die man feierlich beschlossen hatte. Es waren folgende: Der mit diesem Auftrag Abgeordnete sollte sogleich hunderttausend Dukaten angewiesen erhalten. Damit sollte er auf die Welt gehen, unter menschlicher Gestalt ein Weib nehmen und zehn Jahre daselbst bleiben. Dann sollte er sich stellen, als sterbe er, und nach seiner Erfahrung den Obern Zeugnis geben, was für Sorgen und Ungemach die Ehe mit sich bringt. Ferner wurde festgesetzt, daß er während dieser Zeit jeder Bedrängnis und allen Übeln, denen die Menschen ausgesetzt sind, der Armut, der Gefangenschaft, der Krankheit und jedem anderen Unglück, das die Menschen treffen kann, unterworfen sein sollte, wenn er sich nicht durch seine List und Verschlagenheit daraus befreien würde.

Belfagor nahm also die Bedingungen und das Geld, kam damit auf die Welt und zog, nachdem er sich Pferde und Gefolge angeschafft, auf die ehrenvollste Weise in Florenz ein. Diese Stadt hatte er sich vor allen anderen zu seinem Wohnort ausgewählt, weil er dachte, sie sei gegen die Leute am nachsichtigsten, die durch Wucherkünste ihr Geld arbeiten lassen. Er ließ sich Roderigo von Castilien nennen und mietete ein Haus in der Vorstadt Ognisanti. Damit man seinen Verhältnissen nicht auf die Spur kommen könne, gab er vor, er sei als Kind aus Spanien abgereist, sei später nach Syrien gegangen und habe in Aleppo sein ganzes Vermögen erworben. Jetzt sei er nach Italien gekommen, um unter einem zivilisierteren Volke und in einem gebildeteren

Lande, wo die Lebensweise mehr seiner Sinnesart entspreche, eine Frau zu nehmen.

Roderigo war ein sehr schöner Mann und seinem Äußeren nach dreißig Jahre alt. In wenigen Tagen hatte er seinen Überfluß an Reichtümern bewiesen, und da er sich gebildet und freigiebig zeigte, so erboten sich ihm eine Menge Adlige, die wenig Geld und viele Töchter hatten. Unter diesen wählte Roderigo ein sehr schönes Mädchen, Honesta, die Tochter Amerigo Donatis, der außer ihr noch drei heiratsfähige Töchter und drei Söhne im mannbaren Alter hatte. Obgleich aus einer sehr vornehmen Familie und in Florenz in gutem Ansehen, war Donati doch, seine große Familie und seinen Adel in Betracht gezogen, äußerst arm.

Roderigo feierte seine Hochzeit auf das prachtvollste und glänzendste und versäumte nichts, was man bei solchen Festlichkeiten wünschen kann; denn er war durch die Gesetze, die ihm bei seinem Austritt aus der Hölle auferlegt worden, allen menschlichen Leidenschaften unterworfen. Sogleich begann er, an der Ehre und dem

Glanz der Welt Gefallen zu finden und sein Lob gern im Munde der Menschen zu hören; was ihn nicht wenig kostete. Überdies lebte er nicht lange mit seiner Dame Honesta, als er sich sterblich in sie verliebte und nicht leben konnte, wenn er sie betrübt sah, oder wenn sie Mißvergnügen zeigte. Dame Honesta brachte mit ihrem Adel und ihrer Schönheit ihrem Manne einen so großen Stolz ins Haus, wie ihn Luzifer nicht hatte; Roderigo, der aus Erfahrung sprechen konnte, hielt den seiner Frau für noch größer. Kaum aber merkte sie die Liebe ihres Mannes, so wuchs dieser Stolz noch viel mehr. Da sie ihn jetzt in allen Stücken beherrschen zu können glaubte, so tyrannisierte sie ihn ohne Erbarmen und Mitleid und scheute sich nicht, ihn mit beißenden und beleidigenden Schimpfwörtern zu überhäufen, wenn er sich einfallen ließ, ihr das geringste abzuschlagen. Dies war für Roderigo die Quelle unglaublichen Kummers. Dennoch waren der Schwiegervater, die Schwäger, die Verwandtschaft, das Band der Ehe, und vor allem seine große Liebe zu ihr, Ursache, daß er Geduld faßte.

Gar nicht von den großen Ausgaben zu reden, die er hatte, sie alle neuen Moden mitmachen zu lassen, die unsere Stadt infolge einer angeborenen Gewohnheit beständig wechselte, so war er auch genötigt, wenn er Frieden haben wollte, dem Schwiegervater bei der Verheiratung seiner anderen Töchter beizustehen, was ihn eine große Summe Geldes kostete. Dann mußte er, wenn er eine vergnügte Stunde haben wollte, einen ihrer Brüder mit Seide in die Levante, den anderen mit Tuch nach Frankreich schicken, dem dritten mußte er einen Goldschlägerladen in Florenz eröffnen, wobei er den größten Teil seines Vermögens ausgab. Zur Zeit des Karnevals und an Johanni, wo sich die ganze Stadt nach alter Sitte belustigt und viele vornehme und reiche Bürger durch die glänzendsten Gastmähler Ehre einzulegen suchen, wollte Dame Honesta keiner anderen Dame nachstehen, und Roderigo mußte durch seine Feste alle übrigen übertreffen.

Alles dies ertrug er aus den obengenannten Ursachen. Obgleich es arg genug war, hätte er es sich doch gerne gefallen lassen, wenn

er dadurch nur den Hausfrieden erkauft und ruhig seinen Ruin hätte abwarten können. Allein daran war nicht zu denken. Außer den unerschwinglichen Ausgaben zog ihm die hochmütige Sinnesart seiner Frau eine Menge Ungemach zu. Weder Knecht noch Magd konnten es in seinem Hause nur wenige Tage aushalten, geschweige denn längere Zeit. Die größten Ungelegenheiten waren die Folge davon; denn Roderigo konnte keinen vertrauten Diener behalten, der auf seine Angelegenheiten acht gehabt hätte, und sogar die Teufel, die er in Gestalt von Bedienten mitgebracht, wollten lieber wieder in die Hölle zurück und sich in ihr Feuer setzen, als auf der Erde unter der Herrschaft der Dame Honesta leben.
Roderigo führte also dieses stürmische, unruhige Leben, und bald war durch die ungeregelten Ausgaben alles bewegliche Vermögen, das er in Reserve behalten, verzehrt. Er fing jetzt an, in der Hoffnung auf die in der Levante und Frankreich gelösten Gelder zu leben, und lieh, da er noch guten Kredit hatte, auf Wechsel, um seinen Aufwand zu bestreiten. Bald kamen viele Anweisungen

auf ihn in Umlauf, und die in solchen Geschäften arbeiten, machten ihre Bemerkungen. Seine Lage war schon kritisch, als auf einmal aus der Levante und aus Frankreich Nachrichten einliefen, der eine Bruder der Dame Honesta habe alles Geld Roderigos verspielt, und der andere habe bei seiner Rückkehr auf einem unversicherten Schiff mit allen seinen Waren Schiffbruch erlitten und sei zugrunde gegangen. Kaum wurde dies bekannt, so traten die Gläubiger Roderigos zusammen, und da sie ihn für ruiniert hielten, aber noch nicht offen gegen ihn auftreten konnten, weil ihre Wechsel noch nicht fällig waren, so beschlossen sie, ihn so geschickt zu beobachten, daß er sich nicht aus dem Staube machen könnte.

Roderigo aber, der seine verzweifelte Lage sah, und wußte, wozu ihn die höllischen Gesetze zwangen, sann nur auf Flucht. Er bestieg also eines Morgens sein Pferd und ritt zum Tor von Prato, in dessen Nähe er wohnte, hinaus. Kaum hatte man ihn fortreiten sehen, als der Lärm unter seinen Gläubigern losging, die sich an die Obrigkeit wandten und ihm nicht nur Gerichtsdiener nachschickten, sondern ihn selbst scharenweise verfolgten. Roderigo war noch keine Meile von der Stadt entfernt, als er das Getöse hinter sich hörte. In dieser fatalen Lage beschloß er, um heimlicher zu fliehen, von der Straße abzureiten und querfeldein sein Heil zu versuchen. Allein die vielen Gräben, mit denen das Land durchschnitten ist, hinderten ihn daran, und er konnte nicht weit reiten. Er ließ daher sein Pferd am Wege, eilte von Feld zu Feld und kam durch die Reben und das dort häufig wachsende Schilf verborgen, oberhalb Peretola an das Haus Gianmatteo del Brichas, eines Pächters Giovannis del Bene. Zufällig traf er Gianmatteo an, der soeben heimkam, um seine Ochsen zu füttern, und bat ihn um Schutz. Er versprach für die Rettung aus den Händen seiner Feinde, die ihn verfolgten, um ihn im Gefängnis sterben zu lassen, Gianmatteo reich zu machen, und er werde ihm vor seiner weiteren Flucht einen Beweis geben, daß er sich darauf verlassen könne; wo nicht, so möge Gianmatteo selbst ihn seinen Gegnern ausliefern. Gianmatteo, obgleich ein Bauer, war ein beherzter

Mann. Da er nichts verlieren zu können glaubte, wenn er Roderigo rettete, so willigte er ein, steckte ihn in einen vor seinem Hause liegenden Düngerhaufen und deckte ihn mit Röhricht und anderem Unrat zu, der zum Verbrennen zusammengetragen war.

Kaum war Roderigo gehörig verborgen, als seine Verfolger ankamen. Aber durch alle ihre Drohungen konnten sie aus Gianmatteo nicht herausbringen, daß er Roderigo gesehen habe. Sie gingen also weiter und kehrten, nachdem sie ihn diesen und den folgenden Tag umsonst gesucht, ermüdet nach Florenz zurück.

Nachdem der Lärm vorbei war, zog Gianmatteo Roderigo aus dem Verstecke hervor und erinnerte ihn an sein Versprechen. »Brüderchen«, sagte Roderigo, »ich bin dir großen Dank schuldig, und du sollst gewiß belohnt werden. Damit du aber glaubst, daß ich es zu tun imstande bin, will ich dir sagen, wer ich bin.« Nun erzählte er, wer er sei, welche Gesetze man ihm bei seiner Abreise aus der Hölle vorgeschrieben, und daß er eine Frau genommen habe. Dann erklärte er, auf welche Weise er Gianmatteo reich machen wolle; es war kurz diese: Wenn man hören werde, ein Frauenzimmer sei vom Teufel besessen, so sei er es, der hineingefahren, und er werde nicht eher wieder ausfahren, bis Gianmatteo herbeikomme und ihn rufe, wodurch Gianmatteo dann Gelegenheit habe, sich nach Belieben von den Eltern bezahlen zu lassen. Nachdem sie hierüber einig geworden, verschwand Roderigo.

Wenige Tage vergingen, als sich in ganz Florenz verbreitete, die Tochter Messer Ambruogio Amedeis, die mit Buonajuto Tebalducci verlobt war, sei besessen. Die Eltern zögerten nicht, alle in solchen Fällen üblichen Mittel zu brauchen, indem sie ihr das Haupt des heiligen Zanobi und den Mantel des heiligen Giovanni Gualberto auf den Kopf legten. Roderigo aber spottete aller dieser Dinge. Um jedermann zu überzeugen, das Übel des Mädchens sei ein Dämon und nicht nur Einbildung, sprach er Lateinisch, disputierte über philosophische Gegenstände und entdeckte die Sünden vieler Leute, worunter auch die eines Bruders, der sich eine Dirne über vier Jahre lang in Mönchskleidern in seiner Zelle gehalten hatte. Diese Dinge setzten jedermann in Erstaunen.

Messer Ambruogio fühlte sich also sehr unglücklich; er hatte umsonst alle Mittel versucht und schon alle Hoffnung aufgegeben, als Gianmatteo zu ihm kam und die Heilung seiner Tochter versprach, wenn er ihm fünfhundert Gulden geben wolle, wofür sich Gianmatteo ein Gütchen zu Peretola zu kaufen dachte. Messer Ambruogio nahm den Vorschlag an. Gianmatteo ließ nun einige Messen lesen und nahm die gehörigen Formalitäten vor, um die Sache zu verschönern. Hierauf legte er seinen Mund an das Ohr des Mädchens und sagte: »Roderigo, ich bin gekommen, dich an dein Versprechen zu erinnern.« »Ich will es halten«, antwortete Roderigo, »dies ist aber noch nicht genug, dich reich zu machen. Wenn ich daher von hier weg bin, will ich in die Tochter des Königs Karl von Neapel fahren, und niemand soll mich ohne dich herausbringen. Dort kannst du deinen Schnitt machen und dann läßt du mich ungeschoren.« Nach diesen Worten fuhr er aus ihr heraus zur Freude und Verwunderung von ganz Florenz.

Nicht lange Zeit verfloß, so verbreitete sich in ganz Italien die Nachricht vom Unfall der Tochter des Königs Karl. Kein Mittel der Mönche zeigte sich wirksam, und der König, der von Gianmatteo hörte, schickte um ihn nach Florenz. Gianmatteo ging nach Neapel, nahm zum Schein einige Zeremonien vor und heilte die Prinzessin. Ehe aber Roderigo ausfuhr, sprach er noch folgende Worte: »Du siehst, Gianmatteo, ich habe dir mein Versprechen, dich reich zu machen, gehalten. Meine Verbindlichkeit ist abgetragen, und ich bin dir jetzt nichts mehr schuldig. Komm mir daher nicht mehr in den Weg; denn, wenn ich dir bis jetzt Gutes erzeigt habe, will ich dir in Zukunft Leid zufügen.«

Gianmatteo kehrte reich nach Florenz zurück. Er hatte vom König mehr als fünfzigtausend Dukaten erhalten und dachte seine Reichtümer ruhig zu genießen, ohne zu glauben, daß Roderigo seine Drohung ausführen würde. Schnell aber wurden seine Pläne durch die Neuigkeit gestört, eine

Tochter Ludwigs VII. von Frankreich sei besessen. Diese Nachricht versetzte Gianmatteo in die größte Angst, wenn er die Macht des Königs und Roderigos Worte bedachte.

Wirklich fand auch der König kein Mittel für seine Tochter und schickte, als er von der Kraft Gianmatteos hörte, zuerst einen Kurier ab, ihn zu sich rufen zu lassen. Da Gianmatteo aber Unpäßlichkeit vorschützte, war der König genötigt, die Signoria zu ersuchen, die Gianmatteo zu gehorchen zwang. Gianmatteo reiste also in größter Verzweiflung nach Paris und sagte vor allem dem König: »Es sei zwar gewiß, daß er früher einige Besessene geheilt habe, deshalb könne er aber nicht alle heilen; denn es gebe Teufel von so boshafter Natur, daß sie weder Drohungen, noch Zauber, noch religiöse Gebräuche fürchteten. Jedenfalls werde er seine Pflicht tun; gelinge es ihm aber nicht, so bitte er um Entschuldigung und Gnade.« Der König antwortete voll Zorn: »Wenn du meine Tochter nicht heilst, so laß ich dich hängen.« Gianmatteo geriet darüber in große Bekümmernis, doch faßte

er Mut und bat, die besessene Prinzessin rufen zu lassen. Seinen Mund an ihr Ohr legend, empfahl er sich demütiglich Roderigo, indem er ihn an die erzeigte Wohltat erinnerte und wie große Undankbarkeit es sein würde, wenn er ihn in dieser Not verließe. »Was, schlechter Verräter«, antwortete Roderigo, »du wagst es mir vor die Augen zu kommen? Glaubst du dich rühmen zu können, durch mich reich geworden zu sein? Ich will dir und jedermann zeigen, daß ich nach Belieben geben und nehmen kann; eh' du von hier fortkommst, will ich dich ohne Erbarmen hängen lassen.«
Als Gianmatteo sah, daß im Moment nicht zu helfen war, dachte er auf eine andere Art sein Glück zu versuchen und sprach nach der Entfernung der Besessenen zum König: »Sire, wie ich gesagt, gibt es viele Geister, die so boshaft sind, daß man durch gute Worte nicht mit ihnen fertig wird, und dies ist einer davon. Ich will daher noch den letzten Versuch machen. Wenn er gelingt, so werden Eure Majestät und ich unseren Zweck erreicht haben; wenn er aber nicht gelingt, so bin ich in Eurer Gewalt, und Ihr

werdet soviel Mitleid mit mir haben, als meine Unschuld verdient. Laßt auf dem Platz von Notre Dame einen großen Balkon errichten, der alle Barone und die ganze Geistlichkeit der Stadt faßt. Den Balkon laßt mit Seide und Gold behängen und mitten darauf einen Altar errichten. Den nächsten Sonntagmorgen geruht dann, mit der Geistlichkeit und allen Fürsten und Herren mit königlicher Pracht und glänzenden reichen Gewändern darauf zu erscheinen. Dann werde eine feierliche Messe gelesen, und sodann soll die besessene Prinzessin gebracht werden. Ferner sollen auf der einen Seite des Platzes wenigstens fünfzig Personen mit Posaunen, Hörnern, Trommeln, Dudelsäcken, Zimbeln und Pauken und jeder anderen Art von lärmenden Instrumenten bereitstehen, und auf ein Zeichen mit meinem Hut blasend und trommelnd gegen den Balkon heranziehen. Dies und gewisse geheime Mittel werden, wie ich glaube, den Geist zum Ausfahren bewegen.«

Der König ließ sogleich alles anordnen, und als der Sonntagmorgen gekommen, war der

Balkon mit Großen und der Platz mit Volk angefüllt. Nachdem die Messe gefeiert war, kam die besessene Prinzessin, von zwei Bischöfen an der Hand geführt und von vielen Herren umgeben, auf den Balkon. Als Roderigo soviel Volk versammelt und so große Zurüstungen sah, geriet er in Erstaunen und sagte bei sich: Was denkt dieser prahlerische Schuft zu tun? Glaubt er mich durch diesen Pomp zu erschrecken? Weiß er nicht, daß ich die Pracht des Himmels und die Furien der Hölle zu sehen gewöhnt bin? Er soll mir gezüchtigt werden. Als sich hierauf Gianmatteo näherte und ihn bat, sich zu entfernen, entgegnete Roderigo: »Oh, du hast was Schönes ausgedacht! Was hast du mit diesen Zurüstungen im Sinn? Glaubst du, dadurch meiner Macht und meinem Zorn zu entgehen? Schlechter Schuft, du sollst mir ohne Barmherzigkeit hängen.« Da nun Gianmatteo auf diese Weise bat und der andere schimpfte, glaubte Gianmatteo, er habe keine Zeit mehr zu verlieren. Nachdem er das Zeichen mit dem Hut gegeben, stießen alle, die zum Lärmmachen bereitstanden, in die Hörner und zogen mit einem

Getöse, das bis zum Himmel schallte, gegen den Balkon heran. Bei diesem greulichen Lärm spitzte Roderigo die Ohren. Nicht wissend, was es bedeuten sollte, war er ganz verwundert und fragte verblüfft Gianmatteo, was das sei. Ängstlich erwiderte Gianmatteo: »O weh! teurer Roderigo, es ist deine Frau, die dich aufsucht.« Es war wunderbar zu sehen, welche Seelenangst Roderigo ergriff, als er den Namen seiner Frau hörte. Ohne nur zu überlegen, ob sie es möglicher- oder vernünftigerweise auch wirklich sein konnte, ergriff er, ohne ein Wort zu erwidern, im größten Schrecken die Flucht, ließ die Prinzessin frei und wollte lieber in die Hölle zurückkehren und Rechenschaft von seinen Handlungen ablegen, als sich von neuem mit so viel Ungemach, Qual und Gefahr dem ehelichen Joch unterwerfen.

So bezeugte Belfagor, in die Unterwelt zurückgekehrt, das Unheil, das eine Frau ins Haus bringt, und Gianmatteo, der klüger war als der Teufel, begab sich fröhlich auf den Heimweg.

DIALOG ÜBER DIE SPRACHE

OB DIE SPRACHE, WELCHE DANTE, PETRARCA UND BOCCACCIO GESCHRIEBEN, ITALIENISCH, TOSKANISCH ODER FLORENTINISCH ZU NENNEN SEI?

So oft ich mein Vaterland ehren konnte, habe ich es, wenn auch zu meinem Vorwurf und meiner Gefahr, immer bereitwillig getan, denn es gibt für den Menschen in seinem Leben keine größere Verpflichtung gegenüber dem Vaterland, da er zuerst demselben sein Dasein verdankt, und dann alles Gute, was ihm Glück und Natur gewährt haben. Seine Verpflichtung wird um so größer, je edler es ihm zuteil geworden. Fürwahr kann daher, wer mit Wort und Tat feindlich gegen sein Vaterland auftritt, mit Recht Hochverräter, Vatermörder genannt werden, wäre er auch von ihm verletzt worden. Denn ist, gleich aus welchem Grunde, Vater und Mutter schlagen entsetzlich, so folgt notwendig, daß das Vaterland zerfleischen viel entsetzlicher ist, weil man von ihm niemals eine Verfolgung erdulden kann, wegen welcher du es mit Recht verletzen dürftest, da du alles Gute, was du hast, ihm verdankst. Beraubt es sich daher eines Teiles seiner Bürger, so bist du eher verbunden, ihm für die zu danken, die es sich läßt, als es wegen derer zu lästern, die es sich nimmt. Wenn nun dies wahr ist, und es ist sehr wahr, so werde ich niemals fürchten, mich zu täuschen, wenn ich es verteidige und gegen diejenigen auftrete, die es allzu vermessen seiner Ehre zu berauben streben.

Die Ursache, die mich zu diesen Betrachtungen bewog, ist der Streit, der sich mehrmals in der letzten Zeit erhoben hat, ob die Sprache, in der unsere florentinischen Dichter und Redner geschrieben haben, florentinisch, toskanisch, oder italienisch sei. Bei diesem Streite habe ich bemerkt, wie einige weniger Pflichtvergessene behaupten, sie sei toskanisch, einige andere, die Pflichtvergessensten, nennen sie italienisch, und einige halten dafür, daß man sie ausschließlich florentinisch nennen müsse. Jeder ist bestrebt, seine Meinung zu verteidigen, und da auf diese Weise die Sache unentschieden bleibt, so wollte ich in meiner herbstlichen Muße ausführlich schreiben, was ich davon halte, um den Streit zu beenden, oder um jedem Stoff zu lebhafterem Kampf zu geben.

Um zu sehen, in welcher Sprache die in der neuen Sprache berühmten Schriftsteller geschrieben haben, deren ersten Rang ohne Widerspruch Dante, Petrarca und Boccaccio einnehmen, ist es nötig, sie auf eine Seite zu stellen, und auf die andere ganz Italien, dem in betreff der Sprache diesen drei Männern zuliebe jedes andere Land zu weichen scheint; denn Spanien, Frankreich und Deutschland sind in diesem Punkte weniger anmaßend als die Lombardei. Sodann ist es nötig, alle Orte Italiens zu betrachten, die Verschiedenheit ihrer Mundart zu untersuchen, und denen den Vorzug zu geben, die am meisten mit diesen Schriftstellern übereinstimmen, ihnen eine höhere Stufe, mehr Teil an der Sprache zuzugestehen. Um ganz Italien wohl zu unterscheiden, das so viele Städte, geschweige denn Kastelle zählt, wollen wir es, um diese Verwirrung zu vermeiden, nur in seine Provinzen teilen, als

Lombardei, Romagna, Toskana, Landschaft Rom und Königreich Neapel. In der Tat, wenn man jeden dieser Teile genau untersucht, so wird man in ihrer Mundart einen großen Unterschied finden. Um aber zu erkennen, woher dies kommt, ist es zuerst nötig, einige von den Ursachen zu erklären, aus welchen diese Mundarten eine so große Ähnlichkeit haben, daß die heute Schreibenden behaupten, die, welche früher geschrieben, hätten die gemeinschaftliche italienische Sprache gesprochen, und aus welcher Ursache wir uns bei so großer Verschiedenheit der Sprache verstehen.

Es wollen einige, einer jeden Sprache gebe das bejahende Wörtchen, das bei den Italienern *Si* ist, Grenzen, und in dem ganzen Lande verstehe man dieselbe Sprache, wo man mit demselben Worte bejahe. Sie führen Dante als Autorität an, der, um Italien zu bezeichnen, sich dieses Wörtchens *Si* bediente, wo er sagt:

Ah! Pisa vituperio delle genti
Del bel paese là dove il Si suona[1]

nämlich Italiens. Sie führen ferner das Beispiel Frankreichs an, wo das ganze Land Frankreich heißt, und noch heute die Sprache die Sprache von *huis* und *och* genannt wird, was bei ihnen dasselbe bedeutet wie bei den Italienern *Si*. Sie führen als Beispiel die ganze deutsche Sprache an, welche *hyo* sagt, und ganz England, das *yes* sagt. Wahrscheinlich von diesen Gründen bewogen, wollen viele von ihnen, daß alles in Italien eine Sprache schreibe und spreche.

Einige andere halten dafür, das Wörtchen *Si* sei nicht das, was die Sprache regle; denn wäre dem so, so würden die Sizilianer und die Spanier, was die Sprache betrifft, gleichfalls Italiener sein. Sie muß daher notwendig durch andere Gründe geregelt werden. Sie sagen, wer sorgfältig die acht Redeteile untersucht, in die jede Sprache zerfällt, findet, daß derjenige, welcher Zeitwort genannt wird, die Kette und der Nerv der Sprache ist. Sobald in diesem Redeteile keine Verschiedenheit stattfindet, sollte sie in den anderen auch groß sein, müssen sich die Mundarten verstehen; denn diejenigen Hauptwörter, welche unbekannt sind, macht das Zeitwort verständlich, das zwischen sie gesetzt ist. Umgekehrt, wo die Zeitwörter verschieden sind, sollte auch zwischen den Hauptwörtern Ähnlichkeit bestehen, werden die Sprachen verschieden. Als Beispiel läßt sich Italien geben, das um ein ganz geringes in den Zeitwörtern verschieden ist, in den Hauptwörtern dagegen sehr verschieden; denn jeder Italiener sagt *amare*[2], *stare,* und *leggere,* aber schon nicht mehr sagt jeder *deschetto, tavola* und *guastada.* Unter den Fürwörtern sind die wichtigsten verschieden, wie *mi* statt *io,* und *ti* statt *tu.* Was ferner die Sprachen verschieden macht, doch nicht so sehr, daß sie sich nicht verstehen, sind die Aussprache und die Akzente. Die Toskaner beenden alle ihre Worte mit Selbstlauten; die Lombarden und Romagnolen dagegen brechen fast alle an den Mitlauten ab, wie *Pane, Pan.*

In Anbetracht aller dieser und anderer Verschiedenheiten, die in der italienischen Sprache vorkommen, ist, um zu sehen, welche von den verschiedenen Mundarten die Feder in der Hand hält, und in welcher die alten Schriftsteller geschrieben haben, zuerst nötig, daß man untersucht, woher Dante und die ersten Schriftsteller stammen; dann, ob sie in ihrer Muttersprache schrieben oder nicht. Zu letzterem Zwecke muß man ihre Schriften in die Hand nehmen, und daneben eine Schrift, die rein florentinisch oder lombardisch oder aus einer anderen Provinz Italiens ist, und die keine Kunst, sondern nur Natur enthält. Diejenige, welche dann am meisten mit ihren Schriften übereinstimmt, wird man, glaube ich, die Sprache nennen können, in der sie geschrieben haben.

Woher die ersten Schriftsteller, mit Ausnahme eines Bolognesers[3], eines Aretiners, und eines Pistojesers, die es alle drei nicht auf zehn Lieder brachten, stammen, ist sehr bekannt. Es waren Florentiner, und Dante, Petrarca, Boccaccio nehmen darunter den ersten und so hohen Rang ein, daß sie keiner mehr zu erreichen hofft. Von ihnen versichert Boccaccio in den hundert Novellen[4], er schreibe in florentinischer Landessprache. Daß Petrarca davon spräche, weiß ich nicht. Dante in seinem Buche *de Vulgari Eloquio* verdammt jede italienische Provinzialsprache und behauptet nicht Florentinisch, sondern eine Hofsprache zu schreiben. Hätte man ihm daher zu glauben, so würden freilich meine obigen Einwürfe nichtig sein, da ich von ihnen selbst hören will, wo sie ihre Sprache gelernt haben.

Was Petrarca und Boccaccio betrifft, will ich weiter nichts sagen, da der eine auf unserer Seite, der andere neutral ist, sondern mich an Dante halten. Dante zeigte sich überall durch Geist, Wissen und Urteil als ausgezeichneter Mann, ausgenommen, wo er von seinem Vaterland zu sprechen hat. Dieses verfolgte er gegen alle Menschlichkeit und philosophische Art mit jeder Gattung von Unbill, und da er sonst nichts tun konnte, als es herabsetzen, klagt er es jedes Lasters an, verdammt die Menschen, tadelt die Lage, zieht gegen die Sitten und Gesetze los. Er tat es nicht nur in einem Teil seines Epos, sondern im ganzen mannigfach und auf verschiedene Weise[5], so sehr schmerzte ihn die Unbill seiner Verbannung, und so heftig war sein Verlangen nach Rache. Soviel in seiner Macht stand, rächte er sich dafür, und wenn das Geschick gewollt hätte, daß von den Übeln, die er ihm voraussagte und wünschte, eines sein Vaterland getroffen hätte, so würde sich Florenz mehr zu beklagen haben, daß es diesen Mann gebar, als ob jedes andern Unheils. Aber Fortuna, um ihn zum Lügner zu machen und seine Verleumdungen durch Ruhm zu verdecken, hat Florenz beständig mehr gedeihen lassen, in allen Ländern der Welt berühmt gemacht und gegenwärtig zu solchem Glücke, zu so ruhigem Zustand geführt, daß Dante, wenn er es sähe, entweder sich selbst anklagen würde, oder, von seinem angeborenen Neid gepeinigt, auferstanden, von neuem würde sterben wollen. Kein Wunder also, wenn er, der in allen Dingen seine Vaterstadt herabsetzte, ihr auch in der Sprache den Ruf entreißen wollte, den er ihr durch seine Schriften erworben zu haben glaubte. Um sie in keiner Weise zu ehren, verfaßte er jenes Werk, um zu beweisen, daß die Sprache, in der er geschrieben, nicht Florentinisch sei. Man muß ihm dies geradeso glauben, als daß er Brutus in Luzifers Rachen[6], fünf florentinische Brüger unter den Räubern[7], und seinen Cacciaguida[8] im Paradiese fand, sowie andere solche Züge von Leidenschaft und besonderen Meinungen, worin er so verblendet war, daß er allen seinen Ernst, sein Wissen und sein Urteil verlor, kurz ein ganz anderer Mann wurde. Wirklich, wenn er alles übrige so beurteilte, er hätte entweder immer zu Florenz gelebt, oder er wäre als Verrückter vertrieben worden. Da jedoch Angriffe, die auf allgemeine Sätze und Vermutungen gebaut sind, leicht getadelt werden können, so will ich durch lebendige und wahre Gründe beweisen, daß seine Sprache ganz florentinisch ist, viel mehr noch als die, welche Boccaccio selbst als florentinisch bekennt, und zum Teil denen antworten, die derselben Meinung wie Dante sind.

Gemeinschaftliche Sprache Italiens würde diejenige sein, welche mehr vom Gemeinschaftlichen als vom Eigenen einer Sprache enthielte, und ebenso wird eigene Sprache die sein, welche mehr Eigenes als von einer anderen Sprache enthält. Man kann keine Sprache finden, die alles aus sich, ohne von anderen entliehen zu haben, spricht; denn beim Verkehr nehmen die Einwohner verschiedener Länder Wörter voneinander an. Hierzu kommt, daß, so oft neue Wissenschaften oder neue Künste in eine Stadt kommen, notwendig neue Worte mitkommen, die in derjenigen Sprache entstanden sind, woher jene Wissenschaften oder Künste kamen. Allein, da diese Wörter auf die gebräuchliche Weise konjugiert oder dekliniert werden, die gewöhnlichen Endungen und Akzente erhalten, so lauten sie, wie die Wörter der Sprache, welche sie finden, und werden so ihr eigen; denn sonst würden die Sprachen zusammengestoppelt erscheinen und nicht wohlgerundet. Auf diese Weise verwandeln sich die fremden Wörter in florentinische, nicht die florentinischen in fremde, und folglich wird unsere Sprache nichts anderes als Florentinisch. Daher kommt es, daß die Sprachen im Anfang sich bereichern und schöner werden, indem sie mehr Fülle erhalten. Wahr aber ist, daß sie mit der Zeit durch die Menge dieser neuen Wörter ausarten und etwas anderes werden. Doch geschieht dies in Jahrhunderten, ohne daß man es eher merkt, als bis die Sprache in die äußerste Barbarei versunken ist.

Schneller zwar geht diese Änderung vor sich, wenn sich eine neue Bevölkerung in einem Lande niederläßt; in diesem Fall verändert sich die Sprache im Lauf eines Menschenalters. Aber auf welche von diesen beiden Arten sie sich ändert, so ist es nötig, die verlorene Sprache, wenn man sie wiederhaben will, mittels guter Schriftsteller, die darin geschrieben, wieder aufzunehmen, wie dies mit der lateinischen und griechischen Sprache geschehen ist und geschieht. Übergehen wir jedoch diesen Teil als überflüssig, da unsere Sprache noch nicht in ihrer Abnahme ist, und kehren wir zu unserem Ausgangspunkt zurück.

Diejenige Sprache läßt sich in einem Lande allgemein nennen, wo der größere Teil ihrer Wörter mit dem, was dazugehört, in keiner eigentümlichen Mundart dieses Landes gebräuchlich ist, und diejenige Mundart wird man eigentümlich nennen, wo der größere Teil ihrer Wörter in keiner anderen Mundart des Landes vorkommt. Wenn, was ich sage, wahr ist, und es ist sehr wahr, so möchte ich Dante einladen, daß er mir sein Gedicht zeige, und da ich eine Schrift in

florentinischer Sprache zur Hand habe, werde ich ihn fragen, welches die Stelle seines Gedichtes ist, die nicht florentinisch geschrieben wäre. Er wird mir antworten, daß viele seiner Wörter aus der Lombardei genommen, von ihm erfunden, oder aus dem Lateinischen seien... Aber da ich ein wenig mit Dante sprechen will, werde ich, um das »er sagte« und »ich antwortete« zu vermeiden, die Sprechenden voranstellen.
NICCOLO. Welche Wörter nahmst du aus der Lombardei?
DANTE. Diese:
In co del ponte presso Benevento[9];
und das andere:
Con voi nasceva e s' ascondeva vosco[10].
NICCOLO. Welche entnahmst du dem Lateinischen?
DANTE. Diese und viele andere:
Transumanar, significar per verba[11].
NICCOLO. Welche erfandest du?
DANTE. Diese:
S' io m' intuassi, come tu t' immii[12];
Alle diese Wörter mit dem Toskanischen vermischt, bilden eine dritte Sprache.
NICCOLO. Gut. Aber sage mir, wie viele von

diesen fremden, selbsterfundenen, oder lateinischen Wörtern sind in deinem Werk?
DANTE. In den ersten zwei Gesängen sind wenige, aber im letzten viele, besonders aus dem Lateinischen abgeleitete. Denn die verschiedenen Wissenschaften, wovon ich spreche, zwangen mich, geeignete Worte zu nehmen, um sie ausdrücken zu können, und da dies nur durch lateinische Ausdrücke möglich war, bediente ich mich solcher. Aber ich gab ihnen solche Endungen, daß ich sie der Sprache des übrigen Werkes ähnlich machte.
NICCOLO. Was ist die des Werkes für eine Sprache?
DANTE. Hofsprache.
NICCOLO. Was heißt das, Hofsprache?
DANTE. Das heißt eine Sprache, welche die Hofleute des Papstes, des Herzogs usw. sprechen, die als Männer von gelehrter Bildung besser sprechen, als man in den einzelnen Städten Italiens spricht.
NICCOLO. Du wirst die Unwahrheit sagen. Sag' mir doch, was bedeutet in dieser Hofsprache *morse?*
DANTE. Es bedeutet *mori*[13].

Niccolo. Was bedeutet es im Florentinischen?

Dante. Es bedeutet *Strignere uno con i denti*[14].

Niccolo. Wenn du in deinen Versen sagst:
  E quando il dente Longobardo morse[15];
was will dieses *morse* sagen?

dante. *Punse*[16], *offese* und *assaltò*; es ist jenes *mordere* der Florentiner bildlich gebraucht.

Niccolo. Also sprichst du Florentinisch, nicht Hofsprache.

Dante. Es ist größtenteils wahr; doch hüte ich mich, gewisse von unseren eigentümlichen Worten zu brauchen.

Niccolo. Wie, du hütest dich? Wenn du sagst:
  Forte spingava con ambe le piote[17];
was bedeutet dieses *spingare?*

Dante. In Florenz pflegt man zu sagen, wenn ein Tier ausschlägt, *ella spicca una coppia di calci*[18] und da ich zeigen wollte, wie jener ausschlug, sagte ich *spingava*.

Niccolo. Höre: du sagst ferner, um *gambe* auszudrücken:

Di quei che sî piangeva con la zanca[19]; warum tust du es?

DANTE. Weil man in Florenz *zanche* die Stelzen heißt, auf denen am Johannistag[20] die kleinen Geister umhergehen, und weil sie sich derselben dann als der Beine bedienen. Ich wollte *gambe* ausdrücken und sagte *zanche.*

NICCOLO. Meiner Treu, du hütest dich gar sehr vor den florentinischen Wörtern! Aber sage mir: weiter unten, wenn du sagst:

Non prendano i mortali il voto a ciancia[21]; warum sagst du *ciancia* wie die Florentiner und nicht *zanza* wie die Lombarden, da du doch *vosco* und *in co del ponte* gesagt hast?

DANTE. Ich sagte nicht *zanza,* um kein so barbarisches Wort zu brauchen, dagegen sagte ich *co* und *vosco,* sowohl weil dies nicht so barbarische Wörter sind, als auch, weil es in einem großen Werke erlaubt ist, manchmal ein fremdes Wort zu brauchen, wie Virgilius tat, als er sagte:

Arma virum, tabulaeque, et Troja gaza per undas[22].

NICCOLO. Gut, aber schrieb deshalb Virgil nicht Lateinisch?

Dante. Allerdings.
Niccolo. Ebenso hast du wegen der Wörter *co* und *vosco* deine Sprache nicht verlassen. Aber wir streiten umsonst; denn du bekennst in deinem Werke an mehreren Orten selbst, daß du Toskanisch und Florentinisch sprichst. Sagst du nicht von einem Manne, der dich in der Hölle sprechen hörte:
Ed un, che intese la parola Tosca[23];
und anderwärts im Munde Farinatas, wenn er zu dir spricht:
La tua loquela ti fa manifesto
Di quella dolce patria natio,
Alla qual forse fui troppo molesto[24]*?*
Dante. Es ist wahr, daß ich alles dies sage.
Niccolo. Warum sagst du denn, du sprächest nicht Florentinisch? Aber ich will dich mit den Büchern in der Hand und durch Vergleichung überzeugen. Lesen wir in deinem Werk und im Morgante. Lies hier.
Dante. *Nel mezzo del cammin di nostra vita*
Mi ritrovai per una selva oscura,
Che la diritta via era smarrita[25]
Niccolo. Genug. Lies nun ein wenig im Morgante.
Dante. Wo?

Niccolo. Wo du willst. Lies, wo du aufschlägst.

Dante. Hier:
Non chi comincia, ha meritato, è scritto
Nel tuo santo Vangel, benigno Padre[26].

Niccolo. Nun gut, welcher Unterschied ist zwischen dieser Sprache und deiner?

Dante. Wenig.

Niccolo. Ich sehe gar keinen.

Dante. Es ist doch immer ein ... ich weiß nicht was dabei.

Niccolo. Was denn?

Dante. Das *chi* ist zu florentinisch.

Niccolo. Du wirst dies zurücknehmen müssen; oder sagst du nicht:
Io non so chi tu sie, nè per qual modo
Venuto se' quaggiù, ma Fiorentino
Mi sembri veramente, quand' io t' odo[27]*?*

Dante. Es ist wahr, ich habe unrecht.

Niccolo. Lieber Dante, ich will, daß du dich besserst und genauer die florentinische Sprache und dein Werk betrachtest. Du wirst dann sehen, daß, wenn jemand sich zu schämen hat, eher Florenz es ist, als du. Denn untersuchst du genau, was du geschrieben, so wirst du sehen, daß du in

deinen Versen das Plumpe nicht gemieden hast, wie:
Poi ci partimmo, e n' andavamo introque[28];
du hast das Schweinische nicht vermieden, wie:
Che merda fa di quel, che si trangugia[29];
du hast das Obszöne nicht gemieden, wie:
Le mani alzò con ambedue le fiche[30].
Da du dies nicht vermieden hast, was doch dein ganzes Werk entehrt, so kannst du eine Menge vaterländischer Wörter nicht vermieden haben, die nirgends anders als bei uns gebräuchlich sind; denn niemals kann die Kunst ganz der Natur widerstreben.
Ferner sollst du erwägen, daß die Sprachen nicht einfach sein können, sondern notwendig mit den anderen Sprachen vermischt sind. Aber diejenige nennt man die Muttersprache eines Landes, welche die Wörter, die sie von fremden entliehen hat, zu ihrem Gebrauche verwendet und so mächtig ist, daß die entliehenen Wörter sie nicht in Unordnung bringen, sondern sie diese Wörter in Unordnung bringt. Denn, was sie von anderen nimmt, zieht sie auf eine Weise an sich, daß es ihr eigen scheint, und die Män-

ner, welche in dieser Sprache schreiben, sollen als Freunde derselben tun, was du getan hast, aber nicht sagen, was du gesagt hast. Denn, wenn du von den Lateinern und von den Fremden viele Wörter entliehen, wenn du selbst neue gemacht hast, so hast du sehr wohl daran getan; aber übel hast du getan zu sagen, daß deshalb eine andere Sprache daraus geworden sei. Horaz sagt:

...... *quum lingua Catonis et Enni*
Sermonem patrium ditaverit, et nova rerum
Nomina protulerit[31];

und lobt sie als die ersten, die den Anfang machten, die lateinische Sprache zu bereichern.

Die Römer hatten in ihren Heeren nicht mehr als zwei Legionen Römer, die ungefähr zwölftausend Mann ausmachten, und weiter hatten sie zwanzigtausend aus anderen Nationen. Nichtsdestoweniger, weil jene mit den Offizieren der Nerv des Heeres waren, weil alle mit römischer Schlachtordnung und Kriegszucht dienten, hatten diese Heere römischen Namen, Autorität und Würde. Und du, der du in deine Schriften zwanzig Legionen florentinischer Wörter getan, die florentinischen Kasus, Zeiten, Geschlechter und Endungen gebraucht hast, willst, daß die hinzugekommenen Wörter die Sprache ändern?

Solltest du sie allgemeine Sprache Italiens oder Hofsprache nennen, weil darin alle Wörter gebräuchlich sind, deren man sich in Florenz bedient, so antworte ich dir, daß, wenn man sich derselben Wörter bedient, nicht dieselben Ausdrücke gebräuchlich sind; denn sie verändern sich so sehr in der Aussprache, daß sie etwas anderes werden. Du weißt, daß die Fremden entweder das *c* in *z* verwandeln, wie oben von *cianciare* und *zanzare* gesagt wurde; oder sie setzten Buchstaben hinzu, wie *vien qua, vegni za*; oder sie nehmen weg, wie *poltrone, poltron*[32]. So verkehren sie die Wörter, welche den unsrigen ähnlich sind, dergestalt, daß sie etwas anderes daraus machen. Solltest du mir die Hofsprache anführen, so antworte ich dir, wenn du von den Höfen von Mailand und Neapel sprichst, daß beide vom Boden ihres Vaterlandes haben, und die haben mehr Gutes, die sich am meisten dem Toskanischen nähern, es am meisten nachahmen. Wenn du aber willst, daß der Nachahmer besser sei als der Nachgeahmte, so willst du, was größtenteils nicht ist. Sprichst du vom römischen Hof, so sprichst du von einem Ort, wo man auf so viele Arten spricht, als Nationen dort sind, wofür man folglich durchaus keine Regel aufstellen kann.

Aber, was viele über die allgemeinen Wörter täuscht, ist, daß du und die anderen Schriftsteller an verschiedenen Orten gepriesen und gelesen wurden, und auf diese Weise unsere Wörter von vielen Fremden erlernt und angewandt worden sind, so daß sie aus unseren eigentümlichen allgemein wurden. Willst du dies erkennen, so nimm ein Buch von diesen Fremden, die nach euch geschrieben haben, zur Hand, und du wirst sehen, wie viele von euren Wörtern sie brauchen, und wie sie euch nachzuahmen streben. Um die Gegenprobe zu haben, lies Bücher, die ihre Landsleute vor eurer Geburt verfaßten, und es wird sich zeigen, daß weder ein solches Wort, noch eine solche Wendung darin vorkommt. So wird sich zeigen, daß die Sprache, in der sie heute schreiben, die eurige ist, und folglich ist die eurige nicht euch und ihnen gemeinsam. Wenn sie gleich diese Sprache mit tausend Schweißtropfen nachzuahmen streben, so wirst du dennoch, wenn du ihre Schrift liest, an tausend Stellen sehen, daß sie von ihnen schlecht und verkehrt gebraucht wird; denn es ist unmöglich, daß die Kunst mehr vermöge als die Natur.

Betrachte noch eine andere Sache, wenn du die Würde deiner Muttersprache sehen willst. Sobald die fremden Schriftsteller einen neuen Gegenstand wählen, wo sie von euch gelernte Wörter nicht zum Muster haben, müssen sie notwendig zur Toskana ihre Zuflucht nehmen, oder, nehmen sie ihre Wörter, dieselben nach florentinischem Gebrauch glätten und erweitern; denn ohne das würden weder sie selbst noch andere sie gut finden. Da sie sagen, alle Muttersprachen seien häßlich, wenn sie nichts Gemischtes haben, wonach keine häßlich wäre; so sage ich, daß diejenige, welche der Mischung am wenigsten bedarf, die lobenswerteste ist, und ohne Zweifel bedarf es die florentinische am wenigsten. Ich sage ferner, daß es vielerlei Schriften gibt, die ohne die eigentümlichen vaterländischen Worte und Wendungen nicht schön sind. Zu dieser Gattung gehören die Lustspiele; denn obgleich der Zweck eines Lustspiels ist, einen Spiegel eines Privatlebens vorzuhalten, so ist doch seine Weise, dies zu tun, eine gewisse Urbanität, mit Wendungen, die zum Lachen reizen, damit die Menschen, dieser Belustigung zulaufend, dann das nützliche Beispiel kosten, welches darunter liegt. Es können deshalb die Personen des Lustspiels schwerlich ernste Personen sein; denn Ernst läßt sich nicht vereinen mit einem betrügerischen Diener, einem verspotteten Alten, einem vor Liebe närrischen Jüngling, einer lockenden Kurtisane, einem gefräßigen Schmarotzer; wohl aber ergeben sich aus dieser Zusammenstellung von Menschen ernste und nützliche Wirkungen für unseren Lebenswandel. Allein, da die Charaktere lächerlich behandelt sind, muß man Ausdrücke und Scherzworte anwenden, welche die gewünschte Wirkung hervorbringen, und solche Ausdrücke, wenn sie nicht eigen und vaterländisch sind, wo sie allein echt und bekannt sein können, wirken nicht und können nicht wirken. Daher kommt es, daß ein Dichter, der nicht Toskaner ist, niemals diesen Teil gutmachen wird. Denn will er die Scherzworte seines Vaterlandes gebrauchen, so wird ein geflicktes Kleid entstehen, da er eine Komposition macht, die halb toskanisch, halb fremd ist; und hier wird man erkennen, was für eine Sprache er gelernt hat, ob sie allgemein oder eigentümlich ist. Will er dagegen die Scherzworte seines Vaterlandes nicht brauchen, so wird es, da er die Toskanas nicht weiß, eine mangelhafte Arbeit geben, die ihre Vollkommenheit nicht hat. Um dies zu beweisen, sollst du ein Lustspiel eines der Ariosti[33] von Ferrara lesen. Du wirst eine artige Arbeit sehen, einen geschmückten, geregelten Stil, einen wohlgeschlungenen und noch besser gelösten Knoten. Aber du wirst sehen, daß sie des Salzes entbehrt, das ein solches Lustspiel erfordert, aus keinem anderen Grunde als dem genannten; denn die ferraresischen Scherzworte gefielen ihm nicht, die florentinischen aber wußte er nicht, und so ließ er sie weg. Er bedient sich eines Allgemeinen, das, glaube ich, auch von Florenz aus allgemein wurde, indem er sagt, *un dottore della berretta lunga pagherebbe una sua dama di doppioni*[34]. Er bedient sich eines Eigentümlichen, woraus man sieht, wie schlecht es paßt, das Ferraresische mit dem Toskanischen zu vermischen, indem er einer, die sagt, »sie wolle nicht sprechen, wo Ohren seien, die es hörten«, antworten läßt: »*che non parlasse dove fussero i bigonzoni*[35].« Ein geläuterter Geschmack weiß, wie sehr beim Lesen oder Hören *bigonzoni* verletzt, und leicht sieht man bei dieser und vielen anderen Stellen, mit welcher Schwierigkeit er das Dekorum der Sprache behauptet, die er geborgt hat. Ich schließe daher, daß es vieles gibt, was sich nicht gut schreiben läßt, ohne das Eigentümliche und Besondere derjenigen Sprache zu wissen, die am meisten im Werte steht, und will man es echt, so muß man an die Quelle gehen, woher diese Sprache ihren Ursprung hat, sonst macht man eine Komposition, wo der eine Teil dem anderen nicht entspricht.

Daß das Wesentliche der Sprache, in der du, Dante, schreibst und die anderen, die vor und nach dir kamen, geschrieben haben, von Florenz ausfloß, ist dadurch bewiesen, daß ihr Florentiner waret, daß ihr in einem Lande geboren wurdet, das auf eine Weise sprach, die sich besser als irgendeine den Versen und der Prosa anpassen ließ, was mit den übrigen Mundarten Italiens nicht tunlich war. Denn jeder weiß, daß die Provenzalen anfingen in Versen zu schreiben; aus der Provence kam dieser Gebrauch nach Sicilien, aus Sicilien nach Italien, und unter den Provinzen Italiens nach Toskana, und aus ganz Toskana sodann nach Florenz, aus keinem anderen Grund, als weil die Sprache am geeignetsten war. Nicht durch günstige Lage, noch durch Geist, noch irgendeine andere besondere Gelegenheit verdiente Florenz die erste Stadt zu sein, welche Dichter hervorbrachte, sondern allein durch seine Sprache, die bequem war, diesen Regelzwang anzunehmen, und die sich in den übrigen Städten nicht fand. Daß es wahr sei, zeigt, daß man heute viele Ferrareser, Neapolitaner, Vicentiner und Venetianer sieht, die gut schreiben und vollkommen fähig dazu sind, was nicht möglich war, ehe du, Petrarca und Boccaccio geschrieben hattet. Denn, damit sie zu der Stufe gelangten, daß die Fehler ihrer Muttersprache sie anekelten, war es notwendig, daß zuerst jemand da war, der durch sein Beispiel lehrte, wie sie jene natürliche Barbarei, worin ihre Muttersprache versunken war, zu vergessen hätten.

Ich schließe also, daß es keine Sprache gibt, die man entweder allgemeine Italiens oder Hofsprache nennen könnte; denn alle die, welche man so nennen möchte, haben ihre Grundlage von den florentinischen Schriftstellern und der florentinischen Sprache, zu der sie in jeder Verlegenheit, als zur wahren Quelle und Grundlage, notwendig ihre Zuflucht nehmen müssen, und wollen sie nicht wahrhaft Verstockte sein, so haben sie dieselbe als florentinisch zu bekennen.

Als Dante diese Dinge gehört hatte, gestand er ihre Richtigkeit ein und ging. Ich meinesteils war ganz vergnügt, da ich ihm einen Irrtum genommen zu haben glaubte. Doch weiß ich nicht, ob ich auch jene Leute von ihrem Irrtum befreien werde, die so wenig dankbar für die Wohltaten ihres Vaterlandes sind, daß sie mit ihm in der Sprache Mailand, Venedig, die Romagna und alle Flüche der Lombardei gleichstellen wollen.

ANMERKUNGEN

[1] Dante Die Göttliche Komödie Hölle XXXIII. Gesang
O Pisa, du des schönen Landes Schmach,
Wo man im Mund der Leute »si« hört schallen;

[2] Amare lieben, stare stehen, leggere lesen, deschetto Schemel, tavola Tisch, guastada Flasche, mi/io ich, ti/tu du, Pane/Pan Brot.

[3] Bologneser: Guido Guinicelli etwa 1240 geboren, lebte in Verbannung am Hof der Scaligeri in Verona. Starb nicht nach 1276. Seine Gedichte werden als Beginn des »dolce stil nuovo« angesehen.
Aretiner: Guittone d'Arezzo geboren etwa 1220, gestorben 1294. Trat ins Kloster ein und dichtete über moralische und dogmatische Gegenstände. Erhalten sind 44 Canzonen, 211 Sonette und 26 Prosabriefe. Pistojeser: Cino von Pistoja geboren um 1270 in Pistoja. Schrieb ein großes juristisches Werk. Seine Rime sind Canzonen, Sonette und Balladen. Starb gegen 1336.

[4] Boccaccio Der Decamerone 4.Tag
Diese meine Gesinnung muß schon demjenigen deutlich genug einleuchten, der die gegenwärtigen Geschichten betrachtet, die ich nicht nur in florentinischer Volkssprache und in Prosa, ohne

weitere Bezeichnung, sondern in der anspruchlosesten und bescheidensten Schreibart von der Welt verfaßt habe.

⁵ Hölle VI., XIII., XV. Gesang.

⁶ Hölle XXXIV. Gesang
Die andern zwei, kopfabwärts baumelnd dort,
Sind Brutus, der vom schwarzen Maul hängt nieder.
– Sieh, wie er sich verdreht und spricht kein Wort –

⁷ Hölle XXIV. und XXV. Gesang.

⁸ Paradies, XVI. Gesang.

⁹ Läuterungsberg III. Gesang
Am Brückenkopf, bei Benevent gelegen

¹⁰ Paradies XXII. Gesang
Mit euch trat er hervor und verbarg sich mit euch.

¹¹ Paradies I. Gesang.

¹² Paradies IX. Gesang
Säh ich in dir, so wie in mir du siehst.

¹³ morse mori starb

¹⁴ Strignere uno con i denti einen mit den Zähnen klemmen.

[15] Paradies VI. Gesang
Als später biß der Langobardenzahn

[16] Punse stach, offese verwundete, assaltò anfiel.

[17] Hölle XIX. Er schlug heftig mit beiden Füßen um sich.

[18] Wörtlich: es trennt ein Paar Hufe los. Vielleicht sollte man *spinga* statt *spicca* lesen; dann wäre der Sinn klarer. Landino sagt über diese Stelle: *spingare* ist stark die Beine bewegen, um zu treffen, woher wir sagen, *il cavallo spinga i calci* (das Pferd schlägt aus). Anm. d. ital. Ausg.

[19] Hölle XIX. Von denen, die über ihre Beine weinten.

[20] Varchi Storia 11,374 sagt: »Am Morgen des Feiertages St. Johannes, des Hauptfestes der Stadt, weil der heilige Johannes der Täufer Fürsprecher und Beschützer der Florentiner ist, wurde eine schöne, sehr andächtige Prozession gehalten, anstatt der Wachskerzen, der Kampfpreise, der kleinen Geister und anderer Festlichkeiten und Scherze, die an diesem Tage bei gutem Wetter teils aus Frömmigkeit, teils zur Unterhaltung des Volkes stattzufinden pflegen.«

[21] Paradies V. Es mögen die Sterblichen ihr Gelübde nicht für Scherz halten.

[22] Vergil Aeneis I. 118/9
Wenige tauchen empor und schwimmen im wüsten Gemenge,
Waffen der Krieger mit ihnen und Planken und troische Schätze.

[23] Hölle XXIII. Und einer, der hörte das tuskische Wort.

[24] Hölle X. Deine Rede gibt dich zu erkennen als Sohn des teuren Vaterlandes, das ich vielleicht zu sehr bedrängte.

[25] Hölle I. Gesang
Als unseres Lebens Mitte ich erklommen,
Befand ich mich in einem dunklen Wald,
Da ich vom rechten Wege abgekommen.

[26] Luigi Pulci Morgante 24, 1
Nicht wer anfängt hat verschuldet,
ist geschrieben in deinem heiligen Evangelium,
gütiger Vater.

[27] Hölle XXXIII. Ich weiß nicht, wer du bist, noch auf welche Weise du hier herabgekommen bist, aber Florentiner scheinst du mir fürwahr, wenn ich dich höre.

[28] Dann brachen wir auf und gingen indessen weiter. Dante, Hölle XX. schrieb: *Si mi parlava, e andavamo introque* (so sprach er zu mir, und wir gingen indessen).

²⁹ Hölle XXVIII. Denn Kot macht er aus dem, was man hinabschlingt.

³⁰ Hölle XXV. Die Hände hob er in die Höhe mit den beiden V. ...

³¹ Als die Worte des Cato und Ennius die vaterländische Sprache bereichert und neue Namen der Dinge hervorgebracht hatten. *Ars poëtica v.* 56.

³² Cianciare/zanzare scherzen, vien qua/vegni za komm her, poltrone/poltron Faulenzer.

³³ Messer Lodovico Ariosto, Verfasser des Orlando Furioso. Das Lustspiel heißt Suppositi, ist zuerst in Prosa erschienen, und von dieser Ausgabe spricht der Verfasser des Dialogs.

³⁴ Erster Akt, erste Szene, ital. Ausg.

³⁵ Ebendaselbst. Ital. Ausgabe. Die Amme ruft Polimesta auf die Straße, weil im Hause alles Ohren habe, die Bettstätten, die Kästen und die Türen. Polimesta fällt ein: auch die Kübel und die Töpfe. *Bigonzoni* für Kübel ist in der späteren Ausgabe in Versen nicht mehr gebraucht.

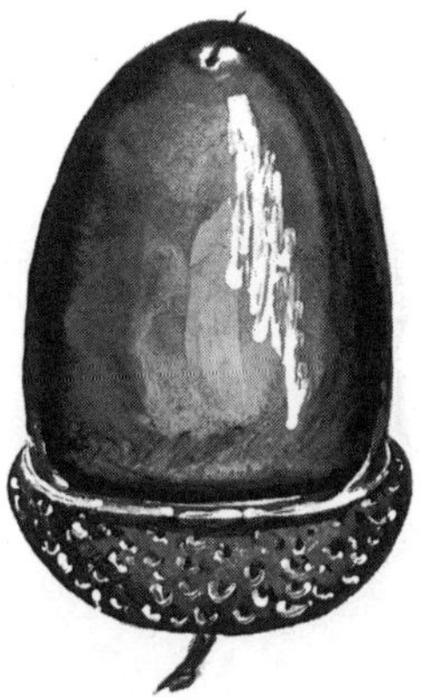

NOTIZ

Für die vorliegende Ausgabe der drei kleinen Schriften Niccolò Machiavellis wurden die »Gesammelten Schriften in fünf Bänden« (München 1925, bei Georg Müller) verwendet. Die Übersetzungen von Johann Ziegler und Franz Nicolaus Baur, herausgegeben von Hanns Floerke, wurden durchgesehen und vorsichtig bearbeitet. Die italienischen Orginaltitel der drei Texte lauten La Vita di Castruccio Castracani da Lucca, Novella und Discorso o dialogo intorno alla nostra lingua. Die Anmerkungen zum Dialog über die Sprache wurden verbessert und erweitert. Der politisch-fiktionale Kurzroman Das Leben des Castruccio Castracani entstand im Jahr 1520, die Erstausgabe der Belfagor-Novelle erschien posthum 1549, der Dialog über die Sprache entstand 1514/15. Die drei Titelblätter, die Vignetten und den Umschlag zeichnete Beate Passow 1988 in München für diese Neuausgabe.

INHALT

Das Leben des Castruccio Castracani
Herzog von Lucca   9
Die Belfagor-Novelle   67
Dialog über die Sprache   89

Anmerkungen   121